ベトナムの日本語教育
―― 歴史と実践 ――

宮原 彬

本の泉社

まえがき

　本書は、ベトナムにおける日本語教育の実情や歴史、ベトナム語母語話者への日本語教育上の問題点等について、筆者が2000年以降に、その時々の関心や必要から書いた文章を集めたものです。

　筆者は、1973年初めてベトナムの地を踏み、1977年までハノイの大学で日本語教育に携わりました。帰国後、1981から2006年まで国内の3つの大学で世界各地からやってくる留学生に日本語を教えました。その後、再びベトナムに渡り、大学、日本語学校、総合商社で約5年半日本語教育に従事しました。

　ベトナムは、その言語（多くの漢語を含む）一つをとっても、日本人の日本語教師には大変興味深い国の一つです。また、その日本語学習者に深くかかわればかかわるほど、ベトナムの歴史や文化とともに、発展途上にあるこの国の現状と将来に興味がつのります。

　本書は、体系的なものではありませんが、ベトナムからの留学生、日本語学校生、技能実習生等が急増している今、ベトナムにおける（あるいはベトナム語母語話者への）日本語教育の資料の一つとして多少お役に立つことがあるのではないかと思い、まとめてみました。

2014年3月　宮原　彬

ベトナムの日本語教育──歴史と実践──

〈目 次〉

まえがき ……………………………………………………………………… 3

I　ベトナムの日本語教育──歴史の流れのなかで── … 5

Ⅰ－1　ベトナムの日本語教育、70年代と今
　　──ハノイとナムディンでの経験を中心に──…………………… 6
Ⅰ－2　学習者の専攻・進路との関連で見たベトナムの日本語教育
　　──貿易大学の現状を中心に──……………………………………34
Ⅰ－3　日仏共同支配期のベトナムでの日本語教育
　　──ベトナム日本語教育史のためのノート──……………………43
Ⅰ－4　ベトナム日本語教育史および日越留学交流史のためのノート ………61

II　ベトナム語母語話者の傾向と方策 ……………………81

Ⅱ－1　学習者の作文から見たベトナム語母語話者の日本語学習上の困難点
　　──学習者の実情に合った教材の作成をめざして──………………82
Ⅱ－2　日本語文型理解の困難点
　　──ベトナム在住ベトナム人学習者の場合──……………………… 113
Ⅱ－3　『ベトナムで学ぶ学生のための日本語教科書（初級）』
　　作成の試み ……………………………………………………… 137
Ⅱ－4　日本語教育教材の位置づけとその作成のための条件
　　──ハノイとナムディンでの経験を中心に──……………………… 163

Ⅰ

ベトナムの日本語教育
―歴史の流れのなかで―

I　ベトナムの日本語教育——歴史の流れのなかで——

I−1　ベトナムの日本語教育、70年代と今
　　　——ハノイとナムディンでの経験を中心に——

1　はじめに——ベトナムの日本語教育の最近の動向

　ベトナムでは、近年、日本語の学習者数が著しく増加している。2006年の国際交流基金の調査[1]によると、学習者数は 29,982 人、機関数は 110、教師数は 1,037 人となっている。学習者数はタイ（71,083 人）、香港（32,982 人）に次いで世界で 9 番目に多い。前回（2003 年）の調査と比べると、学習者数は 1.66 倍、機関数は 2.00 倍、教師数は 1.86 倍に増えている（2009 年の調査結果はまだ発表されていないが、国際交流基金の話では、学習者数は、概算で 45,000 人とのことである）。

　高等教育機関でも学校教育以外（日本語学校など）でも学習者は増加しているが、最近の特徴の一つは、初等・中等教育機関で日本語教育が広がりつつあることである。2003 年以降、10 校余りの初等・中等教育機関で日本語教育が始まっている。また、もう一つの特徴は、日本語教育がハノイやホーチミン市などの大都市だけでなく、ハイフォン、ダナン、フエ、ダラットなどの地方都市でも盛んになり、また、その地域が広がっていることである。

　従来からの特徴として、ベトナムでは学校教育以外の学習者数が比較的多いということがある。高等教育機関での学習者の増加や、初等・中等教育機関での日本語教育の開始もあって、その割合は減少傾向にあるが、それでも 12,041 人と、ベトナム全体の学習者の 58.9％ を占めている。これらの機関で学ぶ学習者は、その大半が、大学での学習の補充、日本語能力試験の受験準備、あるいは、日本での企業研修のための準備、等の目的で学んでいる。特に、ベトナムの日系企業の多くが日本語能力試験 N 2（旧 2

級）の合格を採用の条件にしているため、N2合格を目指して学習している者が多い。また、日系企業自身が日本語教師を雇い、社内で日本語教育を行っている場合もある。実利に直結した日本語教育・学習は、ベトナムの従来からの伝統とも言える特徴である。

　筆者はこのベトナムで二つの時期に日本語教育に携わった。最初は1973年から77年にかけての貿易大学での経験であり、2回目は2006年9月以降現在（2010年5月）までの、貿易大学およびナムディン日本語日本文化学院での経験である。これらの経験をもとに、それぞれの時期における日本語教育の実情や特徴的と思われる点について、二つの時期の違い、機関の違い、日本における日本語教育との違いなどを軸に報告する。

2　「地域的な広がり」の一例
――ナムディン日本語日本文化学院の場合

2.1　ナムディンとナムディン日本語日本文化学院

　前述のとおり、近年ベトナムの日本語教育は地域的な広がりを見せているが、筆者が昨年8月から勤務しているナムディン日本語日本文化学院[2]（以下「学院」とする）もそうした例の一つである。

　学院のあるナムディン[3]市はハノイの東南約90キロの地点にあるナムディン省の省都で、ハノイからバスまたは汽車で2時間足らずの地点にある。

　ナムディン市はハノイに比べれば通りの交通量も少なく落ち着いた町である。町の中央部にはビースエン湖、チュエントン湖という静かな湖がある。ビースエン湖の傍らにはこの地に生まれ元寇を撃退したチャン・フン・ダオ（1232 - 1300）の巨大な銅像が建っている。チュエントン湖の一角には米軍の戦闘機がほぼ完全な姿で展示されている。1968年にこの湖に撃ち落とされたものを引き上げたのだという。現在は、この飛行機を背景に、結婚式を控えたカップルが、披露宴で招待客に見せるスライド用の写

真を業者に撮らせている風景がよく見られる。

市の周囲には水田が広がり、そこでは米の2期作が行われている。

ナムディン省の産業の中心は農業で人口の80％が農業で暮らしている[4]。沿海部は漁業も盛んである。また、銅の鋳造、農業用機械の製造、漆工芸、木工等で有名な村もある。フランス植民地時代以来の伝統のある繊維産業も90年代の低迷から回復しつつある[5]。

ナムディンは、教育熱心で有能な人材を輩出してきた地域としても知られ、人々はそれを誇りにしているようだ。チュオン・チン[6]やレ・ドク・ト[7]もこの地の出身である。

学院はナムディン市の北のはずれ近く、水田をつぶして新しく開発された広大な地区の一角にあり、周囲には企業のオフィスビルや個人の邸宅が次々に建てられている。

2.2　学院設立の経緯と概要

学院はナムディン出身の翻訳家（貿易大学・鹿児島大学大学院出身）とその大学院での指導教員、および資金提供者によって2007年11月に設立された（教育養成省の認可は2009年1月）。非営利の日本語学校で、その目的は、ナムディン地方やその近隣の若者たちに日本語や日本文化を学ぶ機会を与え、それによって日本企業への就職・研修や日本留学への道を開こうというものである。2年制で、学生数は5月末現在48名（2学年）、男女の比率はおおよそ6：4で男子がやや多い。高校を卒業したばかりの者が過半数を占めるが、大学や専門学校を卒業した者、職業経験のある者もおり、年齢は18歳〜29歳の開きがある。

授業の大半は日本語の指導で、コマ数は時期によって多少異なるが、週5日、1日3〜4コマ（1コマ80分）である。午前は朝8時から11時まで、午後は2時から3時20分または5時までである。昼休みを3時間とっている点に特徴がある。着任当初はやや違和感があったが、学生の通学・生活事情（昼休みに自宅に帰って食事をとる）、気候など（夏の暑さとそれ

による疲労度）を知るにつれ、大変合理的なシステムに思えてきた。ハノイではなくなりつつある昼寝の習慣がここではまだ残っているようだ。

　前述のとおり、日本語学校など、正規の学校教育以外での学習者が多いのがベトナムの日本語教育の特徴の一つであるが、日本語学校のほとんどは大学生や社会人を対象とし、したがって、時間数も限られている。２年間専ら日本語を学ぶ者を対象とする機関はベトナムではごく少数である。到達目標は、ここでも日本語能力試験Ｎ２の取得である。

２.３　学生たちの状況

　学院に入った学生たちの動機や状況はさまざまである。大学入試に合格しながら、「これは自分のやりたいことではない」と入学を辞退して学院に入り、日本語を学び服飾デザイナーへの道を目指している者、工業美術大学を卒業し仕事に就いたものの、日本語を学び日本で工業デザインを学ぼうと考えている者、ペットが好きで、日本のペット産業にかかわりたいと考えている者などもいる。しかし、そうした目的意識のはっきりしている者は少数で、多くは親や親戚などの勧めで「日本語を学べば日本へ行けるのでは」と漠然と考え、この新設の日本語学校に入ってきたようだ。

　学生たちの中には、学院関係者（教員、事務職員、理事、それらの親戚・知人等）とつながりのある者が多く、また学生同士が兄弟であったり親戚であったりする。2009年９月に入学した１年生の多くは農村出身者であるが、一つの村から集団で入学している場合もある。その村から来た学生たちは村長の推薦で入学し、村から奨学金が出ているという。このような学生の分布はこの社会の血縁・地縁の強さを感じさせる。

　目的意識のはっきりした学生は、当然のことながら、学習意欲も高く、中には、後に述べる貿易大学の優秀な日本語学習者と全く変わらない成果を上げている者もいる。しかし、それは少数で、勉学意欲が高くない学生も目立つ。ちょっとした体調の悪さ（「頭が痛い」など）や天候の変化（「雨が降り出した」など）を理由に授業を休む者がいる。また、寄付金で設置

されたコンピューター室でオンライン・ゲームにはまってしまう者もいる。問題は本人の自覚ばかりではない。前述の村から集団で来た学生たちに、村長から自身の娘の結婚披露宴に出るよう招集がかかり、全員が授業を2，3日休む（村の結婚披露宴は数日間続く）といったこともあった。

こうした勉学意欲の乏しさ、自主性の欠如も血縁・地縁の強さと多少関係があるのではないかと思う。学院の学生に限ったことではないが、進学や就職、あるいはその後に起こる諸々の問題について親や兄弟、親戚が当然のこととして丸ごと面倒を見る（本人は状況打開のための努力をしない）という例がしばしば見られる。

2.4　教員と教材

学院には現在専任の教員が7名（うち日本人は3名）いる。ベトナム人の3名と日本人の1名は20代前半の若い女性である。ベトナム人女性のうちの2名は昨年6月までの3年間筆者が貿易大学で教えた学生[8]である。7名のうち筆者と妻を除けば学院に来るまで日本語教育の経験はほとんどなかったが、職員会議や打ち合わせで決めたカリキュラム、時間割、授業内容に基づき、それぞれ熱心に取り組んでいる。職員室に机を並べ、日常的に、初級から上級に至る教材の文型・語句の疑問点を教え合ったり教材の扱い方について相談したりするほか、日本語教師にとって最も難しい初級段階の文型の意味・用法とその教え方について週1回ゼミ形式で勉強会を行っている。

現在はこのように若い教員たちにとっても伸び伸びと仕事のできる職場になっていると思うが、筆者の着任当初からそうだったわけではない。外国語教育であるベトナム人に対する日本語教育を日本の小・中・高の国語教育の手法で行ったり、日本の学校と同様の"生活指導"をしたりする教員もいて、学生たちには同情すべき状況があり、教師間にも少なからず緊張関係が生じた。日本語教育に携わろうとする場合は、日本の大学や、日本語学校付設の日本語教師養成コースで、日本語についての基礎的な知識

（文法、音声等）やその教え方、異文化への対応の仕方などの基礎を学んできてほしいと思う。少なくとも、自身が外国語の学習で"苦労した"経験がほしい。

　使用している教材の多くは日本で市販されているもの（より正確には、そのコピー[9]）であるが、初級段階では、筆者が昨年、貿易大学での勤務を終える前の3か月間に急きょ作成した『ベトナムで学ぶ学生のための日本語教科書（初級）』（試用版）を使っている。これは、筆者がかつて日本の大学で作成した教科書[10]を、貿易大学での使用を想定して作り替えたものである。会話文や読み文、例文のほとんどが貿易大学で学ぶ学生の立場で書かれており、また、例文が多く、例文だけでもその文型の意味や構造がかなりの程度把握できるようになっている。実は、筆者はそのようなタイプの教科書の作成について、貿易大学内で何回か提案してきた。しかし、それについてベトナム人教員の間に発展的な議論が起こらなかったので、貿易大学を辞めるに当たり、将来のための一つの参考資料として、筆者のアイディアを具体的な形で示し貿易大学に残しておきたいと考えまとめたものである。学院の学生の実情には合わない部分もあるが、彼らの体験したことのない日本での日常生活を前提とした市販の教科書より学生たちの反応はかなり良かったように思う。この間の試用結果に基づき修正を加え、新入生を迎える今年の9月までに「試用第2版」を作成する予定である。また、それに準拠した文法解説書も、若いベトナム人教員の、学習者としての経験を生かして、まとめることにしている。前述の勉強会もそのための準備作業の一つである。

2.5　今後の課題

　日本語教師にとってこの学院での日本語教育の少なからぬ魅力は、自分たちの考えた教育内容、システムを比較的自由に実行に移せるという点である。それらの修正もまた容易である。試行錯誤や経験がシステムとして蓄積されていくという実感がある。

しかし、課題も少なくない。その第一は、学習意欲と基礎学力のある学生の確保である。昨年9月以降、20名を超える学生が退学している。また、昨年12月、最初の修了生21名を出し、その大部分が日系の中小企業や、日系企業と取引関係のあるベトナムの企業に研修生として受け入れられたが、企業側の要求水準に合わない者も多く、担当者は就職先探しに難渋していた。また、学院の収入は授業料と寄付金だけという枠組みの中で教育の質を高めていくのも容易ではない。あと1、2名教員を増やしたいところだが、その確保も難しい。現在、筆者を含めほとんどの教員が週10コマ前後の授業を担当している。

筆者らは、できるだけ早い時期に、学院での教育システムの基礎を作り上げ、それをベトナム人教員の手に渡したいと考えている。ベトナム人の教員が状況に応じてそれを修正しつつ具体化し、日本人教員や日本側協力者が側面から援助するという体制が望ましいと思う。そのためには、日本語教育についての知識と見識を持ち、教育システムの改善に意欲のあるベトナム人コーディネーターの確保（養成ないしは採用）が欠かせない。

3　大学の日本語教育の現状——貿易大学の場合

3.1　貿易大学[11]の日本語教育の概要[12]

貿易大学はハノイの西方にある経済・外国語系の単科大学（4年制）である。1960年の創立[13]で、今年は50周年に当たる。1983年までは貿易省所管の大学であったが、1984年以降は教育養成省の管轄下にある。正規の学生数は約7,500人（短大を除く）で、その圧倒的多数が女子である。筆者はこの大学で2006年9月から3年間日本語を教えた。筆者にとっては2回目の貿易大学勤務であった。

学部には、現在、「国際経済」「管理・経営」「金融・銀行」「ビジネス外国語」のコースがある。「ビジネス外国語」は「ビジネス英語」「ビジネス日本語」「ビジネス中国語」「ビジネスフランス語」に分かれている（1学

表1 「国際経済」コースの1年次履修科目（日本語履修の場合）

（前期）	高等数学Ⅰ（10）　マルクス・レーニン哲学Ⅰ（15）　基礎日本語Ⅰ（40） マルクス・レーニン政治経済学Ⅰ（20）　情報科学入門（20） 選択必修科目［詳細省略］（10）　体育（10）
（後期）	高等数学Ⅱ（20）　マルクス・レーニン哲学Ⅱ（15）　基礎日本語Ⅱ（40） マルクス・レーニン政治経済学Ⅱ（20）　法律入門（15） 科学的社会主義（20）　ミクロ経済学（20）　体育（10）

（　）内はその学期の通算コマ数。1コマ130分。
出所：貿易大学内部資料より筆者作成

表2 「ビジネス日本語」コースの日本語日本文化関連科目

1年 （前期） （後期）	基礎日本語Ⅰ（20）　基礎日本語Ⅱ（20）　総合日本語Ⅰ（15） 総合日本語Ⅰ（35）　総合日本語Ⅱ（30）
2年 （前期） （後期）	総合日本語Ⅱ（20）　聴解Ⅰ（10）　会話Ⅰ（10）　読解Ⅰ（10） 作文Ⅰ（10）　音声学（10）　文法Ⅰ（15） 総合日本語Ⅲ（20）　聴解Ⅱ（10）　会話Ⅱ（10）　読解Ⅱ（10） 作文Ⅱ（10）　文法Ⅱ（15）　語彙（15）
3年 （前期） （後期）	総合日本語Ⅲ（20）　聴解Ⅲ（10）　会話Ⅲ（10）　読解Ⅲ（10） 作文Ⅲ（10）　ビジネス日本語Ⅰ，Ⅱ（各20）　日本文学史（10） 総合日本語Ⅳ（40）　聴解Ⅳ（10）　会話Ⅳ（10）　読解Ⅳ（10） 作文Ⅳ（10）　ビジネス日本語Ⅲ（20）　日本文化・文明（10） 日本文学Ⅰ（10）
4年 （前期）	ビジネス日本語Ⅳ，Ⅴ，Ⅵ（各20）　日本文学Ⅱ（10）

（　）内はその学期の通算コマ数。1コマ130分。
出所：貿易大学内部資料より筆者作成

年各1クラス）。「ビジネス外国語」以外の学生は、それぞれの専門や教養科目とともに、英語、日本語、中国語、フランス語、ロシア語の中から一つの外国語を選択して履修する。参考までに、学生の過半数が所属する「国際経済」コースの1年生の履修科目（日本語履修の場合）を表1に示す。2

年次以降は、経済理論関係（マクロ経済学、計量経済学、環境経済学等）や貿易実務関係（国際商取引、ビジネス保険、貨物運送、外国投資等）の科目が増える。同時に、ベトナム共産党史、ホーチミン思想といった教養科目も学ぶ。「ビジネス外国語」の学生は、それぞれの専攻の外国語を中心に履修し、そのほかに、経済・貿易関係の科目や教養科目を学ぶ。

　2010年5月現在貿易大学で日本語を履修している学生の数は約1,000人である。英語の履修者が圧倒的に多いが、それに次ぐ数で、近年人気の出てきた中国語をしのいでいる。「ビジネス日本語」コース以外の日本語の授業時間数は4年間で合計600時間余り（1時間＝60分）である。2006年に新設された「ビジネス日本語」コースは日本語専攻という位置づけで、日本語日本文化関係の授業時間数は約1280時間と、それ以外のコースと比べ格段に多い。後に述べる70年代の「日本語通訳コース」の復活とも言える。参考までに、このコースの日本語日本文化関係の履修科目を表2に示す。筆者は3年間、主として新設のこのコースを担当した。

3.2　大学の実情――日本語教育上の困難――

　筆者が着任し日本語を履修している学生たちと話してみて、まず感じたことは彼らの会話力の低さであった。日本の大学の別科や留学生センターで学んでいる留学生たちと比べることはもちろんできないが、70年代の貿易大学の学生たちと比べてもかなり劣っていた。しかし、この大学の実情を知るにつれ、学生にも教員にも同情すべき事情があることが分かってきた。その事情とは、①日本語の授業時間数が少ない、②日本語の授業の1クラスの人数が20数人～40人（37,38人のクラスがいちばん多い）と多い[14]、③教室が語学教育の授業に適していない（多くの教室は机やいすが固定されていて、縦に細長く、会話練習等の活動が難しい）、といったことである。

　会話力の低さ等を話題にすると、ベトナム人の教員から「外国語大学ではないから」という説明がなされることもあった。「重要なのは経済関係

の理論や実務の知識であり、日本語は基礎的な力があればいい」ということなのだろう。しかし、例えば、70年代にこの大学で日本語を学び、現在日系企業等で責任ある地位に就いている筆者の教え子たちは、「貿易大学の学生を面接してみるが、会話が全然だめで採用できない」と厳しい評価をする。伝統的・社会的な評価・期待と大学側の体制との間にかなりのギャップがあるようだ。

　学生たちは、一般的には優秀で（入試の難易度ではベトナムのトップクラスにある）、日本語に関しては勉学意欲も高い。午前7時から11時55分まで、あるいは、12時半から5時25分まで[15]、びっしり詰まった時間割の中で、学生たちは、「日本語の授業がいちばんおもしろい」と言う。しかし、こうした学生たちの意欲に大学が十分応えているようには筆者には見えない。「自主財政化」[16]により国からの交付金がほとんどなくなっている現在、教育の質をどう高めていくのか、大学指導部の姿勢が問われているように思う。

3.3　学生たちの関心

　学生たちはなぜ日本語を学ぼうと思ったのか。入学時の学生の自己紹介やその後の個人的な会話等から見ると、主要な動機は、①日本の漫画やアニメ、テレビドラマ、ゲーム等から日本に関心を持つようになり、日本語を学びたいと思った、②日本語を覚えれば、"給料のいい"日系企業に就職したり、日本へ行ったりできると思った、の二つに集約できる。

　ハノイの本屋には『ドラえもん』『コナン』等の漫画（ベトナム語版）がずらりと並び、テレビでは、筆者がハノイに来た2006年9月以降でも、『ちびまる子ちゃん』『キャプテン翼』などが放映され大学生にも受けていた。作文を書かせると、筆者の知らない漫画やアニメに関する感想があれこれ綴られている。インターネットで日本のテレビドラマを見ている学生もいる。こうした"日本文化"に関心を持つ学生たちも学年が進むにつれ、就職を意識した勉学に比重を移し、日本語能力試験が重要な関心事となる。

I ベトナムの日本語教育——歴史の流れのなかで——

大学内やVJCC(ベトナム日本人材協力センター[17])、日本語学校などで夜間に開講される日本語能力試験対策講座に、多くの学生が高い受講料を払って通う(対策講座の受講資格を得るために選抜試験を受けなければならない場合もある)。筆者などは、N2程度の日本語力をつけるのに大学の授業では不十分と学生たちが考えていること自体に複雑な思いがするが、小学生、あるいは中学生のころから塾通いをしてきた学生たちにとっては、ごく当たり前の選択なのだろう。大学で自身が担当している学生に対策講座の受講を勧める教員もいるが、学内の対策講座はもちろん、学外の場合も、大学の教員が教えていることが多い。小・中・高では教員が自分のクラスの生徒を放課後自宅で教えるというのが通常の塾のスタイルらしいが、筆者には対策講座もその延長線上にあるように見える。

　こうした学生たちの社会的な関心はどうだろうか。一部には非常に関心が高く、自身の体験したベトナム社会の現状(暗記中心の教育、贈り物[現金入り封筒を含む]持参での親子による教師宅訪問、高校卒業試験での学校ぐるみの不正、医療現場での現金の授受、等々)への憂いを表明する者もいる。しかし、多くは政治や社会には無関心である。国会議員などの選挙についても、「投票しないと批判されるので、一応投票所には行くが個々の候補者のことは全く知らないし、関心もない」と言う者が多い。授業科目としてある「マルクス・レーニン哲学」「ベトナム共産党史」なども、ただの"暗記科目"で、「試験の直前に暗記し、試験が終わればすぐ忘れてしまう」と学生たちは言う。学生の中には、父親が傷病兵となったために授業料[18]が免除されている者もいるが、そうした学生を含めてベトナム戦争を話題にすることもない。授業中筆者がたまたま70年代の経験に触れても、反応はあまりない。貿易大学で筆者が教えた学生のほとんどは「市場経済」に移ったあとの1988年、89年の生まれだったから、当然のことかもしれない。ただ、興味深かったのは、筆者編集の上級用教材(「生活」「少子高齢社会」「教育」「企業と労働」「環境」等との関連で日本社会の現状を批判的に取り上げた『日本経済新聞』や『岩波新書』等の記事を集め

たもの[19]) を全部読み終えたとき、「この教材を読んで、ベトナム社会の中にさまざまな問題があることに気がつくようになった」といった感想が何人かからあったことである。これまでそうしたことについて考える機会がなかったということかもしれない。

3.4　教材と教員の実情

　貿易大学でも日本語の教材は、ほとんど日本で市販されているものを使っている。教材の選択で常に問題となるのは初級の教科書だが、筆者の着任当時は、『初級日本語』（東京外国語大学 1990）が使われていた。この教科書は日本の大学（学部）に進学する留学生の予備教育（事前教育）用として作成されたもので、日本での、大学進学者のための日本語教育の伝統を受け継いだオーソドックスな教科書の一つである。しかし、当然のことながら、日本での生活や制度を前提としているため、ベトナムで学ぶ学生には分かりにくく、また、応用練習がしにくい。その分、説明や語句の補充等が必要となり、授業の効率も落ちる。また、授業時間数に比して漢字の負担が大きいという問題もある。そうしたことは貿易大学のベトナム人教員の多くが承知しており、「教科書変更」の要望が出たりもする（実際、筆者の在職中に初級の教科書は『進学する人のための日本語初級』〈国際学友会日本語学校［現日本学生支援機構東京日本語教育センター］1994〉に変更された）が、教科書の作成など抜本的な解決を図る方向には進まない。

　問題は一般的な日本語学習用の教科書ばかりではない。例えば、「ビジネス日本語」コースでは日本語学関連の科目（「文法」「音声学」）や、日本文化関連の科目（「日本文学史」「日本文学」「日本文化・文明」など）を教えなければならないが、貿易大学にはその分野の研究者はおらず、したがって、授業は何らかの機会に入手した日本で作成された薄い教材（例えば、「日本文学史」の教材は予備校のものだった）を担当の教員が学生と一緒にただ読んでいくというスタイルとなる。学生たちは小学校以来「暗記」に慣れているから、特に不満も聞かなかったが、これでは、彼らの、

日本語学、日本文化への興味・関心をより高いレベルに引き上げることはできないだろう。

　教材の蓄積が乏しいばかりでなく、カリキュラムや教育方法（文型練習の方法、会話練習の方法、漢字指導の方法等）についても、日本語学部[20]としての、あるいは、教員個人としての蓄積が図られているようには筆者には見えなかった。

　そうした蓄積が図られにくい原因として、以下のような事情があるのではないかと思う。

　まず、教員たちが大学の仕事に費やす時間が少ない、ないしは、大学外での仕事が忙しい、ということがある。常勤の教員のほとんどは、通常、自身の授業のときだけ出勤し、授業とそれに関連する多少の雑務が終われば、職員室から退出する（個別の研究室はない）。勤務外での生活の詳細は不明であるが、一般的なこととしては、前記の日本語能力試験対策講座等の講師、業務とは関連のない通訳・翻訳などがある。授業期間中に業務外の通訳の仕事で指導的な教員が２，３週間から１か月日本に"出張"することも珍しくない。

　また、日本の大学と比べると、上下の関係が厳しい（指示・命令で事が進む）ということがある。日本の大学での日本語教育ではカリキュラムや教材、教育方法等について"上司"ないしは先輩教員が指示するといったことはありえず、自由な立場で議論を尽くし合意を形成していくというのが普通のスタイルだと思うが、貿易大学では（おそらくベトナムでは多くの機関が）そうではない。会議や打ち合わせで議論することが少なく、自身の担当する科目の授業内容、教材の選択、試験の方法、試験問題等について、いちいち上司（通常は学部長）の判断を仰ぎ、その"決済"に従って実施する。集団で討議し、集団としての経験を蓄積していくということがない。筆者は70年代の経験からそのような点について多少は承知していたが、現在でもそれは変っていない。筆者にとって興味深かったのは、そのような上下関係が若手の教員間にもあるという"発見"だった。ベト

ナム語では相手を呼ぶ際の呼称が自分より年上か年下かによって変わるが、それが単なる形式としてだけではなく、実質的な上下関係として仕事の遂行上にも反映しているように見えた。大学という本来自由であるはずの職場であっても、年上の人間に意見を言うのはかなりの"勇気"が要り、また、"リスク"が伴うことのようだ。

　また、日本語教育、日本語学、日本文化の分野に専門家がいない、あるいは専門化が進んでいない、さらに言えば、その必要性についての意識が薄い、ということも影響しているように思う。いずれの分野のどのような問題にも特に関心を持って継続的にそれを追いかけている教員はいない。そうした状況では、核となるべき教員もはっきりせず、どのような問題でも蓄積は難しい。教員の多くは日本の大学やベトナム国内で修士を取り、中には博士号を持つ者もいるが、ほとんどは経済関係で、日常の業務とは関係がなく、また、その研究を継続している様子も見られない。なお、日本留学は教育現場の教員体制とは関係なく行われており（2010年5月現在16人の専任教員のうち7人が留学等で長期に不在である）、終了すれば、どんなに長期に不在であっても、職場に復帰できる。

　教員採用も日本とは大いに異なる。貿易大学の卒業生を学部卒で採用し、2, 3年後に日本に留学させ、修士、時にはさらに博士号を取らせる、というのが通常のパターンであるが、学部卒の採用は、たとえ本人が成績優秀で就職を希望したとしても実現するとは限らない。採用のシステムは外部には分かりにくいが、例えば、貿易大学の教員の子どもは"一人に限り"教員として就職できるという内規がある（これは貿易大学に限らないようだ）。また、就職のためには大学指導部への何らかの"働きかけ"が必要だというのも常識らしい。公募という方式は通常は取られていない。ちなみに、日本の文部科学省が募集する各種の国費留学生の募集も実質的には公開されておらず、どんなに優秀で本人が望んでも、何のコネもない学部生および学部卒業生には応募の機会すらない。

Ⅰ　ベトナムの日本語教育——歴史の流れのなかで——

3.5　貿易大学の今後

　貿易大学の日本語学部は世代交代の時期を迎えている。70年代に貿易大学で日本語を学び、最近の10年以上この大学の日本語教育を率いてきた教員の定年（女子55歳、男子60歳）が近づいている。現在30代後半にある次の世代は、日本語教育の一時的な衰退のあと、1980年代後半になってこの貿易大学で教育を受けた[21]世代である。この世代の特徴は優れた日本語能力と確かな実務処理能力が備わっていることである。この世代が学生の利益を尊重する立場に立って、"上下の関係が厳しい"職場で十分に指導性を発揮し、若い教員たちの力を結集できれば、貿易大学の日本語教育にも新しい状況が生まれる可能性がある。

4　70年代の日本語教育——貿易大学の状況——

4.1　1975年4月30日

　今年は南部解放35周年ということで、3月10日から解放記念日の4月30日まで、バンメトート[22]からサイゴン（現在のホーチミン市）に至る各地域の解放記念式典の模様がその都度テレビで生中継され、また、サイゴン解放までの戦いを伝えるフィルムが繰り返し流された。戦争関連の記念日の前に当時のフィルムが流されるのはいつものことだが、今年はことのほか多かった。

　1975年4月30日、筆者はハノイにいた。いつものように朝7時半ごろ宿舎を出て車で大学に向かったが、通りは普段と変わりがなく静かだった。8時少し前に大学に着くと、構内に太鼓が鳴り響き、ただならぬ空気が狭いキャンパスを覆っていた。授業は定刻の8時に始まった。学生たちは多少落ち着かない感じはあったが、いつものように熱心に勉強に取り組んだ。11時を回ったころ、遠くのスピーカーから男性の声で何かアナウンスが流れた。学生たちは聞き耳を立て、すぐ一斉にワーッと歓声を上げた。最前列に座っていた女子学生が「先生、サイゴンが解放されました」と叫

んだ。構内の空き地に学生たちがどんどん集まってきた。筆者も授業をやめて、学生たちと教室の外に出た。構内のアナウンスは続いていた。学生たちは特に何をするということもなく、アナウンスを聞きながら、笑顔で言葉を交わしていた。その日の授業は"流れ解散"となった。

筆者は車で宿舎に戻ることにした。通りは全くいつも通りで、黙々と自転車をこぐ人をときおり見かけるくらいだった。「サイゴンが解放されたんですよ」と、自転車の人に叫びたい気持ちになったことを覚えている。

翌朝早く、宿舎からほど近い路上の新聞売り場に走り、サイゴン解放を伝える『ニャンザン』（ベトナム労働党［現共産党］機関紙）を、日本の友人たちへのおみやげに、10部買い求めた。

「ベトナム！　ホーチミン！」（「大勝利の喜びの日にホーおじさんがいるようだ」）の歌声が町中のスピーカーから絶え間なく流れ、地方から集会などに参加するために人々が集まり、ハノイの町がにわかににぎやかになったのは、それから数日たってからのことだった。

4.2　当時のハノイでの生活

筆者は、1973年5月、初めてベトナムを訪れた。ベトナムに関するパリ協定[23]が締結されてから3か月余りたったころだった。ハノイ市民は空爆の心配からは解放されていたが、その傷跡はハノイの町のあちらこちらに残っていた。宿舎のキムリエン・ホテルからほど近いバクマイ病院はかなりの部分が破壊され、庭には大きな爆弾の跡があった。ハノイ駅も駅舎の一部が大きく破壊されていた。最もひどい状態だったのはカムティエン通りで、南側の沿道が数百メートルにわたって破壊し尽くされ、「立ち入り禁止」の標識が立っていた。前年12月26日のじゅうたん爆撃[24]の跡だった。

キムリエン・ホテルは食事付きの粗末な集合アパートのようなもので、ベトナムに援助の目的で来た外国人が常時150人ぐらいは住んでいた。ソ連人が圧倒的に多く、次にキューバ人や東欧の人たちだった。それらに交

じって、イギリス人やオーストラリア人、フランス人などがいた。専門分野は多岐にわたっていて、ソ連からはピアノの先生なども来ていた。イギリス人やオーストラリア人、フランス人は放送局や大学で仕事をしていた。

ホテル住まいは快適とは言えなかった。エアコンなどはもちろんなく、夏の猛烈な暑さ、湿度の高さ、冬の冷え込み、そして蚊に悩まされた。三食付きではあったが、食材不足でいつも同じものが出た。アヒルの卵を焼いたもの、ジャガイモ、空芯菜、水っぽいスープなどだった（当時のハノイ市民から見たら、大変なごちそうだったであろうが）。停電が多かったので、部屋での仕事は昼間片付けるようにした。停電すると必ず断水したから、シャワーの時間やトイレの水の確保にいつも神経を使っていた。シャワーからはたまにしかお湯が出なかった。

そんな中、何かの記念日の折には、ホテルの食堂の一角に舞台を作って、歌舞団の公演が催された。筆者はその歌や踊り、民族楽器の演奏の豊かさ、水準の高さに感動した。特に、トルン[25]の音色に魅せられた。

当時、職場以外で、ベトナムの人々と顔見知りになる機会はほとんどなかったが、ホテルの服務員だけは例外だった。初対面の服務員からは必ず年を聞かれた。果物などを買って帰るといくらで買ったか聞かれ、値段を言うといつも笑われた。

通勤以外のときの交通手段は、数か月がかりでやっと手に入れたチェコスロバキア製の自転車だった。バスもタクシーもなかった。古い路面電車はあったが、外国人には乗りにくかった。自転車はよくパンクし、そのたびに道端の修理屋に直してもらった。

4.3　当時の貿易大学

貿易大学の周囲は、現在は、オフィスや商店、レストラン、住宅などが建て込んでいる。正門の面したバス通り（チュアラン通り）を5分も歩くと広いグエンチタイン通りに出る。2006年11月にハノイでAPECが開かれたときには、ほど近い国際会議場へ向かう各国の首脳を乗せたベンツが

この道路をフルスピードで駆け抜けていった。

　70年代も貿易大学は現在と同じ場所にあったが、周囲は田んぼや畑だった。現在のチュアラン通りは当時は学校の裏側のあぜ道で、学生たちは自転車で通っていてよく田んぼに落ちたという。

　朝、舗装されていない細いでこぼこ道を通って出勤すると、学生たちが入り口近くの畑の中に立ったり大きな木の枝に腰かけたりして、教科書を暗記しているらしい光景がよく見られた。

　構内の建物はいずれも茅葺き屋根に土壁の細長い平屋建てだった。土壁のはげた部分から骨組みの竹がのぞいていて、床は土間だった。南部解放後の76年になって、4階建ての、そのころとしては立派な校舎ができたが、それは学生たちが、労働の時間[26]に技術者の指導のもとに、レンガを運んだり積んだりして造り上げたものである。この建物は現在も学生寮として使われている。

　当時貿易大学は貿易省の管轄下にあり、貿易関係の幹部を養成することを目的としていた。正規のコース（5年制）としては、業務コースと通訳コースがあった。通訳コースは外国語の学習が中心で、それに、貿易実務等も学んでいた。通訳コースは専攻する言語によって分かれていて、英語、フランス語、中国語、ロシア語、日本語のコースがあった（73年5月当時北ベトナムの大学で正規の日本語コースがあったのは貿易大学だけである）。日本語は、この正規のコースのほかに、政府機関に勤務する若手の幹部を集めて初歩から教える「短期集中コース」（2年間）と、かつて貿易大学などで日本語を学び[27]既に業務に就いている者を集めて日本語のブラッシュアップを図る「補強コース」がやや遅れて開設された。

4.4　学生たちの勉学・生活状況

　筆者が最も長期に担当したのは、1972年11月に入学した日本語通訳コースの学生たちだった。貿易大学における正規の日本語コースの第1期生である。学生数は途中からの編入生を入れても20名足らずだった。ほとん

どは高校を卒業したばかりの若い学生[28]だったが、中には軍隊から戻った者や職業生活の経験者もいた。軍隊帰りの2名はカーキ色のユニフォームをそのまま着ていて、そのうちの一人は戦闘で重傷を負った経験を持っていた。もう一人の学生はラオスに行っていたとかで、得意そうにラオス文字を教えてくれた。

このクラスの学生たちは、入学はしたものの、米軍の爆撃を避けてハノイの西南60キロのホアビンに疎開した。自分たちで木を切り竹や草を集めて造った小屋に住み、隣接の、同じようにして造った教室で貿易実務の勉強や政治学習をし、また、労働（農作業）や軍事訓練も行っていた。彼らが実際に日本語の学習を始めたのは、パリ協定が締結され、疎開先からハノイに戻った1973年のテト（旧正月）明けからだった。

彼らは、ハノイに実家のある学生も含めて、寮生活をしていた（土曜から日曜にかけては帰宅が許された）。寮生活で最も大変だったのは食事と冬の寒さだったようだ。食事は食堂で班ごとにとっていたが、各班に出される分量が少なかったため、食べるのが遅い女子学生から男子学生に苦情が出ることもあったという。また、女子学生などは、大学から学生たちに毎月支給されていた少額の"生活援助金"をみんなでプールして、寒さをしのぐ衣類で特に困っている学生に順番に回すといったことも行っていた。当時の寮生活を回顧して、ハノイに自宅のあった女性は、「いろいろ規律が厳しくて、生活も勉強も大変だった」と言い、また、ふるさとが遠方だった男性は、「生活は苦しかった。交通手段は自転車だけだったので、2か月に1回ぐらいしか家にも帰れなかった」と言う。

日本語通訳コースの学生たちは積極的に日本語の学習に取り組んだ。授業で教師が質問すると、日本の小学生のように、あちらこちらから「はい、はい」と手が挙がった。文型練習の際に学生たちが一斉に発する声の大きさは教師が驚くほどだった。彼らは文字通り朝から晩まで勉強していた。当時の学生たちは、「勉強以外にすることがなかった」とよく言う。試験の成績はクラス全員の前で発表された。勉強を怠けている者は同級生たち

から批判された。学生たちには、ベトナムとの関係が必ずしも良好ではなかった国の言語を学ぶ意義について、大学当局から指導がなされていたという。いわば、任務としての日本語学習であった。ちなみに、当時大学は無償だった。

　日本語漬けの日々だったが、彼らは日本語の学習を最初から望んでいたわけでは必ずしもなかった。日本人も日本の文字も見たことがなかった彼らにとっては日本語はなじみのない言語だった。希望していた言語から回されて日本語を学ぶことになった学生が多かったようだ。最も人気があったのは英語で、次はフランス語だった。ある教え子は後に、「英語やフランス語のクラスには党や政府の幹部の子どもが多かった。私たちはそうではなかったから入れなかった」と述べた。また、「英語やフランス語のクラスはハノイ出身の者ばかりだった」と"証言する"農村出身者もいる。日本語に回され、その"難しさ"に寮で毎晩泣いていた女子学生もいたようだ。そんな学生も1年もたつうちに次第に日本語の学習に慣れ、それに打ち込むようになったという。

4.5　教員とその仕事の状況

　当時貿易大学の日本語教育の中心となっていたのは、フランス語の授業も担当していた50代前半の教員だった[29]。日本の「仏印進駐」時代に日本語を学び、その後日本との貿易関係の仕事に携わり、60年代になって貿易大学で日本語教育にかかわるようになったようだ。そのほかに、その教員の教え子である30代半ばの教員が2人（一時的に3人）いた。日本に行ったことのある教員は一人もいなかった[30]。

　教員も、学生同様、日本語教育に真剣に取り組んでいた。当時最も大きな労力を要したのは教材の作成であったが、ベトナム人教員は、筆者らの書いた原稿を邦文タイプライターで1字1字原紙に打っていった。停電の夜なども、授業に間に合わせるために、ランプを頼りにタイプ打ちを続けた（当時、通勤が困難な教員は大学に寝泊まりしていた）。

当時も、日本語教育のカリキュラム、時間割、教材等は、当然のことながら、ベトナム人教員が中心になって決定していた。ベトナム人教員がコーディネーターとなり、日本人教員がそれに協力するという方式であった。まれに、日本人教員の書いた原稿についてベトナム人の教員から意見が出されることもあった。しかし、ベトナム側には日本語教育についての系統的な蓄積がほとんどなく、また、現在とは違い、日本で公にされている教材等も限られていて、それをベトナム側が自由に入手し利用できる状況にはなかったので、ほとんどの場合、日本人教員の意向がそのまま受け入れられた。ただ、教材の内容的な面（言語技術的な面ではなく）については、時に一定の示唆があった。

4.6　教材と教授法

筆者が貿易大学に着任し、1972年入学の日本語通訳コースの学生たちの指導を始めたころ、日本語の初級教材は長沼読本に準拠したもの（ローマ字書き。ベトナム語による説明付き）を使っていた。筆者は、より効率的な日本語教育を試みたいと考え、日本から持参した教材の中から国際学友会の『NIHONGO NO HANASIKATA』(1959) を選び、それをベトナムの状況に合うように改変し、文型練習の例や読み文などを加えて、ひらがな書きで作ることを提案し、ベトナム人教員とともに教材を作成していった。『NIHONGO NO HANASIKATA』に準拠したのは、この教材が、文型中心に作られていて、課ごとの中心的な文型が明確であったこと、会話中心に作られていたこと、などによる。なお、「短期集中コース」の初級の教材は、『NIHONGO NO HANASIKATA』をよりコンパクトにした同じ国際学友会の『HOW TO USE GOOD JAPANESE（正しい日本語）』(1973) に準拠して作成された。また、「補強コース」（上級）は日本の新聞や雑誌、書物から抜粋したものが使用された。

実は、筆者は、昨年8月、現在の職場に来て、当時学生たちが使用した教材のかなりの部分が、筆者の着任直前にこの学校に寄贈されていること

を知った。それらは、1973年9月に入学し、74年1月から日本語を学び始めた、妻の教え子（正規の日本語コースの2期生）が、散逸を恐れて寄贈したものである。彼女は、「私はどうしても当時の教科書を捨てることができなかった。あれはお金では買えない」と筆者と妻に述懐した。1977年1月の帰国を前に、筆者は、教材自体の未熟さを自覚していたこともあって、作成した教材のすべてを廃棄してしまっていたから、33年振りの教科書との対面となった。彼女が寄贈した教材は10冊余りだが、その中で筆者が作成にかかわった記憶がはっきりしているものは3冊だった（いずれも初級教材を終えたあとのもので、初級教材は欠落している）。他は、ベトナム人教員が独自に作成したもの（「漢字音訓表」など）や、補強クラスを担当した日本人教員が作成したもの、筆者の帰国後に作成されたと思われるもの、60年代末に作成されたものなどがある。60年代末に作成されたものの中には、「語彙集」（簡易な越日辞典）や読解教材が含まれ、読解教材には「ホー主席の呼びかけ」「ベトナム——われわれの愛する国」「北ベトナム人民　戦闘しつつ社会主義建設」などの表題が見られる。いずれの教材もＡ4判ほどの紙に邦文タイプと英文タイプを使って作成され、大型のホッチキスで綴じられている。紙質はやや厚めのざらざらしたもので、すべて茶褐色になっている。ただ、当時からこのような紙質だったから、筆者には"変色・劣化した"という印象はあまりない。当時、学生たちは印刷の不鮮明な漢字を読み取るのに苦労していた。

　通訳コースの学生たちは、文型中心の初級教材を終えたあと、中級への橋渡し（初中級）の教材に入った。「第1課　学生」「第2課　貿易大学日本語通訳クラス」「第3課　日本語のじゅぎょう」「第4課　日記」「第5課　きものとアオザイ」「第6課　時計をなおしてもらう」「第7課　床屋」「第8課　ホアンキエム湖とその付近」と続いている。これらの本文は初級の場合と同様に、国際学友会の教科書（『日本語読本一』1957）に準拠して、それをベトナムの状況に合うように作り替えたものである。各課の構成は、「本文」「単語と熟語」「漢字」「文型」「練習」となっている。

Ⅰ　ベトナムの日本語教育——歴史の流れのなかで——

　しかし、学習段階が進むにつれて、本文を作り替えるのが難しくなり、学習者の日本語力に合わせて、ベトナムについて書かれた日本語の書物（翻訳を含む）や雑誌等の記事を集めて教材（中級）を作っていった。例えば、『ホー・チ・ミン選集』『ベトナム・スケッチ』（ベトナム外国語出版社）『北ベトナム』（本多勝一）『ベトナム史』（ベトナム教育出版社）などからの抜粋である。各課の構成は、上記の教材と同様である。そのあとは、日本について書かれた書物や新聞・雑誌の記事等からの抜粋を中心に教材を作成している。「外国語の学び方」（渡辺照宏）「日本の国土」「日本と外国の交通」「24のひとみ」「東京大空襲」「ドンホイ市を訪ねて」（滝いく子）「日本とベトナム民主共和国との間の貿易」等の表題がある。
　これら中級段階の教材は、当時のベトナムの政治状況を反映し、また、資料的な制約もあって、本文が狭い範囲のものから採られているといった問題はあるが、その意図や技術的な点は現在の教科書とそれほど違うものではないように思う。ただし、失われた初級の教材については、文型練習の例があまりに機械的だった点など、かなり欠陥があったと考えている。いずれにしても、そこかしこに日本語やベトナム語の書き込みのあるこれら一見粗末に見える教科書からは、それを編集・印刷したベトナム人教員と、真剣に学習に取り組んだ学生の、日本語教育・学習にかける気迫のようなものが伝わってくる[31]。
　なお、教授法としては、筆者は、初級段階では、文型練習（パターン・プラクティス）中心の、いわゆるオーディオ・リンガル法（Audio-Lingual Approach）を採用した。この方法は、80年代の半ば以降、コミュニケーション重視の立場から批判されるようになったが、学習意欲の高い貿易大学の学生たちにはかなり有効で、ベトナム人教員にも好評であった。しかし、今考えると、筆者の当時のやり方はあまりに機械的過ぎて、学習者の立場に必ずしも立っていなかったという反省がある。
　当時、学生たちは学外で日本語を話す機会は全くと言っていいほどなかった。そこで、グループを編成して、ハノイの博物館や美術館でグルー

プごとに日本人教員を相手に展示物の案内をさせることを思いついた。学生たちが学外で外国人と接することは一般的には禁じられていたから、公安の許可証を取得するなどの面倒な手続きが必要だったようだが、学生たちは事前に、割り当てられた博物館に行って練習をしたりして、喜んでこの"実習"に取り組んだ。今でも、この"実習"を懐かしそうに話す教え子がいる。

4.7　当時の学生の現在

　現在とは違って、学生数も少なく、寮生活だったこともあって、彼らの親密な関係はクラスや学年を越えて広がり、卒業後現在に至るまでその関係は続いている。"コネ社会"だから当然とも言えるが、大学時代の同級生、同期生、あるいは、前後数年違いで互いに顔見知りだった者たちは、仕事や生活の面でことあるごとに助け合い、それがそれぞれの子どもたちの進学や就職、果ては結婚にまで及んでいるようだ。

　必ずしも自分の意思で日本語を選んだわけではない彼らも、現在ではそのほとんどが「日本語を学んでよかった」という。彼らもそろそろ定年を迎える年齢になっているが、多くは政府機関や民間企業でそれなりの地位に就き、あるいは自身で起業して、経済的にも恵まれた生活をしている。彼らの子どもたちの多くは日本やイギリス、カナダ、シンガポールなどに留学し（ほとんどは私費）、また、その経験を生かした職に就いている。

5　おわりに

　2006年9月、筆者は30年振りで貿易大学に着任した。日本の大学での25年間の経験を貿易大学のために役立てたいという多少の気負いと同時に、30年前の自身の未熟さを何とか"帳消し"にしたいという思いもいくらかあった。

　授業を始めてみると、学生たちの純朴さや勉学意欲は30年前とほとん

I ベトナムの日本語教育──歴史の流れのなかで──

ど変らなかった（テストの際のカンニングの横行[32]には閉口したが）が、教員たちの仕事への姿勢はすっかり変わっていた。それは、経済的利益、私的利益を何よりも優先する現在のベトナム社会の反映であり、個々の教員に問題があるとは必ずしも言えない。ただ、狭い縦長の教室に40人近くが詰め込まれ、無理なカリキュラムと不十分な教材で重い負担を強いられている学生たちには同情せざるを得なかった。筆者はベトナム人の日本語教員に協力するということを自身の基本的な立場としていたから、ベトナム人教員が扱いに困るような提案（教科書の作成、漢字指導の時間の独立、多肢選択［四択］試験問題の廃止等）には固執しなかったが、大学指導部をはじめ、日本語学部の指導的な教員の意識・姿勢が変わらなければ改革は難しく、学生たちは、世間の一般的な評価とは違って、質が高いとは言い難い日本語日本文化教育を将来も受け続けることになるであろうという思いは残った。

　筆者の信条からは快く受け止められない出来事もベトナム人教員との間で何回か生じたが、貿易大学にいた3年間に筆者が得たものと比べれば、それらは取るに足りないことだった。日本語教育の面では、同一の学習者を対象とした3年間の、初級から上級に至る作文指導や会話指導は日本では実践の機会がなく、興味深かった。その中でベトナム人学習者に共通の問題点について若干の発見もあった[33]。同時に、日常のベトナム人教員との仕事の過程で、また、ベトナム人教員や学生たちとの会話から、そして、学生たちの作文を通して、さらには、家探し・引っ越し・アパート暮らしの中で、この社会の現実について多くの意外な事実（上からの指示による成績の改ざん、コネとカネが必要な公的機関への就職、不動産契約での脱税工作の横行、等々）を知った。この3年間の体験がなければ、筆者はベトナム社会の現実をほとんど知らないまま終わったのではないかとさえ思う。

　ナムディンでは農村出身者たちとの出会いという新しい経験をした。確かに素朴ではあるが、学習習慣が身についていない者、抽象的な思考の苦

手な者が多く、指導はなかなか難しい。学院の学習環境は、施設、1クラスの人数、授業内容、教材等のいずれをとっても貿易大学よりはるかにいいと思うが、その環境が十分に生きるような意欲のある学生をどの程度確保できるか、また、現在の体制をいつまで維持できるか、という大きな課題がある。

　筆者の経験の範囲は限られているが、70年代と現在という対照的とも言える時期にベトナムの日本語教育の現場に比較的長い期間立ち会った者の一つの"証言"として、また、それぞれの時代の傾向の一端を示すものとして、本稿は多少は意味があるかもしれない。

なお、日本語教育に対する日本側の組織的ないしは個人的な「援助」が現地で実際にどのような役割を果たしているか、好ましいあり方は何かということも、この4年間常に筆者の頭から離れなかった問題であるが、本稿では直接には触れられなかった。またの機会としたい。

【注】
1) 国際交流基金（2008）『海外の日本語教育の現状＝日本語教育機関調査・2006年＝改訂版』凡人社
2) 正式な名称はTrung tâm Ngôn ngữ và Văn hóa Nhật Bản［日本言語文化センター］
3) Nam Định 市の人口は2009年12月末現在244,512人（ナムディン省人口統計課）
4) Công ty Cổ phần Thông tin Kinh tế Đối ngoại (2005) *NAM DINH – New Image In Century XXI*, Nhà xuất bản Chính trị Quốc gia, Hà Nội, p.106
5) 同上 pp.89 – 90
6) Trường Chinh (1907 – 1988) 1986年12月、ベトナム共産党第6回大会でのドイモイ［刷新］路線の提起に書記長として主導的な役割を果たした。
7) Lê Đức Thọ (1911 – 1990) パリ和平会議（1968 – 1973）で北ベトナム代表団の特別顧問として戦争終結に導いた。
8) 4年生の後期（1月～6月）は講義等がない（成績の上位約半数の学生はこの間に卒業論文の指導を受ける。その他の学生は卒業試験に備える）ため、多くの学生は前期が終わると、大学に在籍のまま就職する。
9) ベトナムでは大学でも日本語学校でも、ほとんどの場合、原本をコピーして学生に配布している。学部を卒業したばかりの大学教員の初任給（試用期間後）が月200万ドン（約1万円）程度であることを考えると、やむを得ないことかと思う。

Ⅰ　ベトナムの日本語教育――歴史の流れのなかで――

10) 宮原彬他（初版 1989）『別科・日本語Ⅰ』長崎総合科学大学別科日本語研修課程
11) Trường Đại học Ngoại thương（英語名 Foreign Trade University）ホーチミン市にも分校があるが、本稿ではハノイの本校についてのみ述べる。
12) 本節と次節は以下の拙稿と一部重なるところがある。宮原彬（2007）「学習者の専攻・進路との関連で見たベトナムの日本語教育――貿易大学の現状を中心に――」『専門日本語教育研究』第 9 号 pp. 9 - 12 専門日本語教育学会［本書Ⅰ―2 に収録］
13) 創立時の学校名は「貿易外交幹部学校」（5 年制）。
14) 2010 年 5 月現在では 1 クラス平均 34 人と、若干改善されている。
15) ハノイの大学のほとんどは午前と午後の二部制をとり、午前の学生は午前にのみ、午後の学生は午後にのみ授業がある（学期ごとに午前と午後が入れ替わる）。小・中・高も同様。
16) 現在 4 つの国立大学（貿易大学、ハノイ大学、国民経済大学、ホーチミン市経済大学）で試行的に行われている。貿易大学の場合、校舎の建設費や研究プロジェクトなどへの助成を除き、教職員の給与を含め国からの交付金はゼロだという。
17) 日本政府とベトナム政府によって 2002 年に設立された人材育成機関。ビジネス教育、日本語教育、交流事業等を行っている。ホーチミン市にもある。
18) 現在、貿易大学の授業料（年間）は 2,400,000 ドン（約 12,000 円）である。
19) 宮原彬（2006）『留学生のための時代を読み解く上級日本語』スリーエーネットワーク
20) 貿易大学では「学部」という名称が使われている（「日本語学部」「英語学部」など）が、これは日本の大学とは違い、主として教員組織を示すものである。「学部」より小さい組織は「部門」（ロシア語部門）など）と呼ばれている。
21) 1978 年末ベトナム軍はカンボジアに進攻したが、それを理由に日本政府の経済援助は停止され、日本との経済・貿易関係が縮小し、日本語学習の需要も減った。貿易大学では 80 年から新 1 年生の受け入れを停止し、87 年に再開されるまで正規の日本語コースは開講されなかった。
22) Buôn Ma Thuột　ダクラク省の省都。サイゴン解放に至る作戦は、3 月 10 日のバンメトートの攻略から始まった。
23) 1973 年 1 月 27 日に締結。戦争の終結、アメリカ軍のベトナム全土からの撤退等が合意された。
24) アメリカは、パリ和平交渉で北ベトナムから譲歩を引き出そうと、協定締結目前の 1972 年 12 月 18 日から 12 日間にわたってハノイ、ハイフォン等を連日空爆した。北ベトナムはこれに屈せず、逆に米軍に大きな損害を与え、翌月末パリ協定は締結された。ベトナムでは、フランスに勝利したディエンビエンフーの戦いになぞらえて「空のディエンビエンフー」と呼ばれている。
25) t'rưng　長さの違う竹筒を縄ばしご状につなげ、斜めに傾けた楽器。
26) 当時は、軍事訓練のほかに、1 年に 1 か月半程度「労働」が課せられていた。現在は、「労働」はなくなり、軍事訓練（正式な科目名は「国防教育」）が 4 年間の在学期

間中に1回（1か月）課されている。
27) 貿易大学では1962年から1970年にかけて、3回にわたって、さまざまな機関で業務に就いている幹部を集めて日本語コースが開設された。その詳細については、元日本語部門主任チャン・ソン（Trần Sơn）氏へのインタビューに基づき、以下の拙稿で触れた。宮原彬（2004）「第5章　ベトナム」鹿島英一編著『大学生のための短期留学（オセアニア・アジア・中東）』風間書房［本書Ｉ―4に収録］
28) 当時は、小学校4年、中学校3年、高校3年の10年制だったが、小学校入学前に1年間「入門クラス」（文字指導が中心）があり、実質的には11年制だった。学生たちは通常17歳（時に16歳）で大学に入学した。ちなみに、現在は小学校5年、中学校4年、高校3年の12年制である。大学入学は9月（2年次以上の新学期の開始は8月）であるが、日本とは異なり、入学資格は入学する年に18歳に達する者である。したがって、誕生日前に入学式を迎える者は17歳で入学する。
29) グエン・ゴク・カイン（Nguyễn Ngọc Cảnh 1920‐1982）氏。同氏については、以下の拙稿で触れた。宮原彬（2004）「日仏共同支配期のベトナムの日本語教育――ベトナム日本語教育史のためのノート――」『長崎大学留学生センター紀要』第12号 pp.49‐50 ［本書Ｉ―3に収録］
30) それらの教員が日本語を学習したころ、北ベトナムの人間が日本に留学する機会は全くなかった。そのため、日本語の使い手の中にはベトナム国内で日本語を学んだ者のほかに、北朝鮮やソ連で学んだ者がいた。ちなみに、当時、貿易大学の英語教員の中にはインドやキューバで英語を学んだ者がいた。
31) 筆者と妻の帰国後、関隆通氏が中心となって編集・作成された教科書が、日本ベトナム友好協会の支援を得て、1978年に発行されている。
32) 同僚のベトナム人教員は、「小学校の時から"助け合って"きた（自分の答案を見せないと、"意地悪"と思われる）ので、この"習慣"を直すのは不可能」と筆者に語った。
33) 宮原彬（2008）「学習者の作文から見たベトナム語母語話者の日本語学習上の困難点――学習者の実情に合った教材の作成をめざして――」貿易大学日本語学部紀要［本書Ⅱ―1に収録］

（『アジア・アフリカ研究』2010年第50巻第3号（通巻397号　2010.7.25）〈特定非営利活動法人アジア・アフリカ研究所〉所収。本書への収録に当たり、構成の変更、いくつかの注の削除、若干の修正を行った）

I―2　学習者の専攻・進路との関連で見たベトナムの日本語教育
──貿易大学の現状を中心に──

1　はじめに

　1986年12月のベトナム共産党第6回大会でドイモイ（刷新）政策が採択されベトナムに市場経済が導入されてから20年余りが経過した。ここ数年の経済発展には目覚ましいものがあり、GDPの成長率も2002年から2006年まで連続して7〜8％台を維持している。ベトナム政府は海外からの投資、大規模なプロジェクトを重視し、そのための条件整備に力を入れている。

　日本との関係もますます緊密になっている。ベトナム政府の統計[1]によると、直接投資額（1988－2006）では日本はシンガポール、台湾、韓国に次いで第4位（認可ベース）、貿易額（2006）では、ベトナムからの輸出はアメリカに次いで第2位、輸入は中国、シンガポール、台湾に次いで第4位である。また、ベトナムを訪れる日本人の数（2006）も、中国、アメリカに次いで第3位（38万人）となっている。

　このように日本との関係が深まる中でベトナムにおける日本語教育はどのような状況にあるのか。学習者の専攻や進路との関連に焦点を置き、筆者の勤務する貿易大学（ハノイ）[1]の実情を中心に報告する。

2　ベトナムの日本語教育の現状

2.1　学習者数・機関数の増加とその特徴

　日系企業の進出、日本との関係の緊密化により、日本語教育への需要は高まり、学習者数、機関数とも著しく増加している。2003年の国際交流

基金の調査(2)では、学習者数 18,029 人、日本語教育機関数 55、教師数 558 人であったが、これは、その 5 年前（1998年）と比べると、学習者数および機関数で約 1.8 倍、教師数で 1.9 倍である。学習者は、高等教育機関が 33.2％、学校教育以外が 66.8％で、学校教育以外の学習者が多いことがベトナムの日本語教育の特徴の一つとなっている。国際交流基金の概算によると、2007年現在、学習者数は約 30,000 人、機関数は約 100、教師数は約 1,000 人とのことである。ハノイだけでも日本人の日本語教師が 200 人ぐらいいるようだ。

最近の特徴としては、ベトナムの日本語教育がハノイ、ホーチミンといった大都市だけでなく、ハイフォン、フエ、ダナン等の地方都市でも盛んになってきたことや、ハノイ、ホーチミン、フエの一部の中学校、高等学校で日本語教育が始まったことなどがある(3)。

2.2 増加の背景と学習者の動機

日本語学習者の増加の背景としては、前記のとおり日系企業の進出（その数はベトナム全体で約 900 社と言われる）が大きな要因となっている。ハノイ、ハイフォン、ホーチミン市等には大規模な工業団地ができ、数多くの日系企業が誘致されている。これらの日系企業への就職が多くの若者たちの"夢"となっており、日本語を学ぶ主要な動機となっている。2007年 9 月、ベトナム・日本人材協力センター（VJCC）（ハノイ）2)では、貿易大学等、ハノイの 4 つの大学で日本語を学ぶ学生たちを対象にアンケートによる意識調査を行った。「卒業後の就職先としてどのような所を望むか」という問いに対し、アンケートに答えた学生たちの 71％が「日系企業」を挙げ、次いで、「外国による投資プロジェクト」35％、「日系企業以外の外資系企業」28％などであった（複数回答）。

企業の側でも、日本語のできる優秀な人材の確保が切実な問題となっている。日本語のできる若者の確保に難渋した日系企業からは、その企業に就職することを前提とした日本語コースを大学内に設置してもらえないか

といった相談が持ち込まれることさえある。

　また、日系企業の多くが応募者の日本語能力を測る基準として日本語能力試験の2級を利用しているため、2級合格が多くの学習者の当面の目標となっており、大学を含む各日本語教育機関では「2級対策」にかなりの力を注いでいる。

3　貿易大学の現状と課題

3.1　日本語教育の全般的な状況

　貿易大学は1960年創立の国立大学である。1983年までは貿易省所管の大学であったが、1984年以降は教育養成省の管轄下にある。正規の学生（短大を除く）は約7,500人（ハノイのみ）でその圧倒的多数が女子である。日本語教育は1962年から（正規の学生に対する日本語教育は1973年から）行われており、その歴史はベトナムで最も古い。

　この大学の学生は、「国際経済」「管理・経営」「金融・銀行」「ビジネス英語」「ビジネス日本語」「ビジネス中国語」「ビジネスフランス語」のいずれかのコースに所属し、教養科目および経済関係科目を学ぶとともに、「国際経済」では英語、日本語、中国語、フランス語、ロシア語のいずれかを、「管理・経営」「金融・銀行」では英語または日本語を履修する。「ビジネス英語」「ビジネス日本語」「ビジネス中国語」「ビジネスフランス語」ではそれぞれ英語、日本語、中国語、フランス語を履修し、この4つのコースだけが、外国語専攻という位置づけになっている[3]。

　貿易大学の正規の学生の中で、現在日本語を履修している者の数は約1,100人で5つの言語の中で英語に次いで多い。履修する言語は基本的には本人の希望によるが、教員スタッフの数等との関係で入学時に他の言語に"回される"こともある。

　学生たちが履修する科目は、学生の過半数が所属する「国際経済」コースの1年次に例をとると、表1のとおりである。2年次以降は、経済理論

表1 「国際経済」コースの1年次履修科目

(前期) 高等数学Ⅰ（10）　マルクス・レーニン哲学Ⅰ（15）　基礎日本語Ⅰ（40） 　　　 マルクス・レーニン政治経済学Ⅰ（20）　情報科学入門（20） 　　　 選択必修科目［詳細省略］（10）　体育（10）
(後期) 高等数学Ⅱ（20）　マルクス・レーニン哲学Ⅱ（15）　基礎日本語Ⅱ（40） 　　　 マルクス・レーニン政治経済学Ⅱ（20）　法律入門（15） 　　　 科学的社会主義（20）　ミクロ経済学（20）　体育（10）

（日本語履修の場合。（　）内はコマ数。1コマ135分）

関係（マクロ経済学、計量経済学、環境経済学等）や貿易実務関係（国際商取引、ビジネス保険、貨物運送、外国投資等）の科目が増える（同時に、ベトナム共産党史、ホーチミン思想といった教養科目も学ぶ）。日本語の授業時間数の割合は、1年次は全科目の授業時間数の28％、2年次22％、3年次28％、4年次30％で、その学習時間数は1年次から3年次まで各180時間、4年次90時間、4年間で合計630時間（1時間＝60分）である。

3.2　特徴と問題点

上記の履修システム、カリキュラムの内容から「国際経済」コースにおける日本語学習の特徴として、①日本語学習者の中心的な履修科目（専門）は経済理論や貿易実務関係であり、日本語学習は将来の実務遂行に備える二次的なものである、②したがって日本語の学習時間は少ない[4]、③時間数が少ないにもかかわらず、実務的・総合的な日本語能力の習得が意図されている、といったことが挙げられる（「管理・経営」「金融・銀行」コースの場合も同様）。

上記③を具体的に示すものとして、例えば、2年次後期から4年次までの開講科目、ビジネス日本語（Ⅰ～Ⅳ）がある。ビジネス日本語では、2年次後期はまだ日本語学習が基礎的な段階にあるため、日本社会を扱った既存の教材等からの抜粋を用い日本語の基礎を固めると同時に日本社会についての知識を得させる。3年次以降は、経済や貿易に関する資料を使っ

た読解や翻訳、貿易実務の指導（商談の進め方、契約条件、貨物の流れ、輸出入代金の決済方法、各種手続きに必要な書類等々について日本語で指導）、演習（学習者が経済関係の資料を収集・整理して発表する、など）を行っている。

　日本語を履修した卒業生たちの就職率は約90％と非常によく、そのほぼ3分の1の、日本語能力に優れた者が日系企業に就職している。その外は、必ずしも日本語能力を要しないコンピュータ関連企業や貿易会社、テレビ局、等々に就職している。

　貿易大学の卒業生に対する就職先での評価は一般的には高いようである。その理由の第一は、日本語能力に関係なく基礎的な能力や知識がしっかりしているということである。当初の日本語能力は十分ではなくても就職後伸びるともいう。しかし、70年代に貿易大学で日本語を学び現在日系企業の現地責任者となっている卒業生たちからはかなり厳しい意見も筆者の耳に入る。それは、日本語能力、特に会話力が劣るというものである。

　学習者たちの会話力の低さは筆者にとっても当初意外なことであったが、学習時間の少なさを見ればやむを得ないことと思う（学生の中には、会話力の向上のために、夜間に日本語学校に通う者も少なくない）。しかも、授業は1クラス20数人から40数人（37、8人のクラスがいちばん多い）で行われている。教材にも問題がある。ほとんどの場合（上級段階を除く）、日本で市販されている教材を使っているが、特に初級段階では、その教材そのものが持つ問題点（本文の会話や「文型・語彙」の例文に不自然なものが多い、など）の外に、ベトナムで学ぶ学習者には会話や文例の背景が分かりにくいという問題がある。そうした教材は、文型練習のための素材としては使えても、内容的な面でクラスでの発展性がなく、効果的な授業をするには個々の教師にかなりの力量が求められる。

3.3　「ビジネス日本語」コースの現状と課題

　前記の「ビジネス日本語」コースは、2006年9月に新設された。その

表2 「ビジネス日本語」コースの日本語日本文化関連科目

1年 （前期）基礎日本語Ⅰ（20）　基礎日本語Ⅱ（20）　総合日本語Ⅰ（15） （後期）総合日本語Ⅰ（35）　総合日本語Ⅱ（30）
2年 （前期）総合日本語Ⅱ（20）　聴解Ⅰ（10）　会話Ⅰ（10）　読解Ⅰ（10） 　　　作文Ⅰ（10）　音声学（10）　文法Ⅰ（15） （後期）総合日本語Ⅲ（20）　聴解Ⅱ（10）　会話Ⅱ（10）　読解Ⅱ（10） 　　　作文Ⅱ（10）　文法Ⅱ（15）　語彙（15）
3年 （前期）総合日本語Ⅲ（20）　聴解Ⅲ（10）　会話Ⅲ（10）　読解Ⅲ（10） 　　　作文Ⅲ（10）　ビジネス日本語Ⅰ，Ⅱ（各20）　日本文学史（10） （後期）総合日本語Ⅳ（40）　聴解Ⅳ（10）　会話Ⅳ（10）　読解Ⅳ（10） 　　　作文Ⅳ（10）　ビジネス日本語Ⅲ（20）　日本文化・文明（10） 　　　日本文学Ⅰ（10）
4年 （前期）ビジネス日本語Ⅳ，Ⅴ，Ⅵ（各20）　日本文学Ⅱ（10）

（（　）内はコマ数。1コマ135分）

目的は、日本語の授業時間を増やし、日本語能力を十分身につけさせるとともに、経済・貿易関係の知識もある学生を育てるということである。

1期生は23人、この9月に入学した2期生は39人（男子は各1名のみ）である。

このコースで4年間に学ぶ日本語・日本文化にかかわる科目は表2のとおりである。

日本語・日本文化関係の授業時間数の割合は、1年次は全科目の授業時間数の40％、2年次47％、3年次79％、4年次54％で、その学習時間数は、1年次270時間、2年次379時間、3年次518時間、4年次158時間、4年間で合計1325時間（1時間＝60分）である。

上のような内容からこのコースの特徴として、①日本語の授業時間数が他のコースと比較して格段に多い、②実務的・総合的な日本語能力の習得が意図されている、③日本語専攻ということから、狭い意味の日本語能力

Ⅰ　ベトナムの日本語教育——歴史の流れのなかで——

だけでなく、日本語学的な知識や文化的な知識も習得させようとしている、といった点がうかがえる。

　筆者は昨年9月以来、ベトナム人の教員とともにこのコースを担当しており、このカリキュラムには改善の余地があると感じている（例えば、2年次〈日本語学習は中級段階〉の科目が分散的で統一性に欠けていること、など）が、このカリキュラムは教育養成省の基準によるもので厳守しなければならないという。

　「ビジネス日本語」コースの中心的な日本語科目であるビジネス日本語をどのような内容のものにするかは、今後の大きな課題である。当面は「国際経済」コースの方法・教材を踏襲することになるであろうが、将来的には、日本語のそれぞれの学習段階にふさわしい授業方法や教材を編み出さなければならない。その際、日系企業等からの要望についても一定程度考慮する必要があるであろう。ベトナムの日系企業関係者は異口同音に、「企業の制度（終身雇用・年功序列など）や日本社会に関する知識、日本人のものの考え方（仕事に対する考え方など）についても大学で教えてほしい」といった要望を語るという。せっかく日系企業に就職しても、仕事のつまらなさや厳しさ、初任給の低さ、習慣の違いなどから短期間でやめていく者が少なくないようだ。日本人ないしは企業経営者の価値観を一方的に押し付けることは問題があろうし、また、日本で従来の制度や価値観が崩れつつある現在では難しい面もあるが、少なくとも日本の社会制度や、日本人にかなり一般的な思考方法、行動様式等についての基礎的な知識を与えることは必要なことであろう。

　なお、「ビジネス日本語」コースは「国際経済」コースなどと比べると、経済や貿易実務関係の履修科目が少ないが、それを補うために、例えば、大学卒業後さらに1年間（夜間）それらの科目を履修させて資格を与えるといったことも検討されている[5]。

3.4 市場経済の推進と大学の学習環境

　市場経済の推進は、当然のことながら、大学にも影響を及ぼしている。国立大学の一部は試行的に「自主財政化」(独立行政法人化)を求められており、貿易大学もその一つである。その結果、大学は収入確保のため(「優秀な学生をより多く確保するため」と説明されることもある)、マスプロ化を強いられている。入学者数は定員をはるかに上回り、学生たちは狭く細長い教室に押し込められ、日本語の授業では互いの発話も聞き取れない。優秀な学習者たち(貿易大学は入試の難易度ではベトナムのトップクラスにある)の高い学習意欲に十分応えることが難しい。かつて筆者がこの大学で日本語教育に当たった30年余り前の状況と比較すると、その変化には驚かざるを得ない。当時は、物質的な条件は劣悪であったが、学習環境は現在よりかなり恵まれており、教育効果もそれなりに上がっていたと思う。市場経済は表面的には社会を豊かにし学生たちも豊かにはなったが、採算優先の体制は学習環境の悪化を招き、教育効果も、日本語能力に限って言えば30年前とは比較にならない。こうした状況を教育養成省および大学当局が今後どのように改善していくのか注目したい。

4　おわりに——"ブーム"は続くか——

　2006年度の日本語能力試験の受験者数は8,045人(うちハノイでの受験者数は2,540人)だった[3]が、2007年度は15,000人ぐらい(ハノイは5,000人余り)に増える見込みだという。これだけを見ても、ベトナムの日本語学習者数がかつてない速さで増加していることが分かる。

　それでは、こうした日本語学習熱はいつまで続くであろうか。現在のベトナムの安定した政治・経済状況を考えると、この"ブーム"が近々終息に向かうとは考えにくい。しかし、過去を思い起こすと、筆者には多少の危惧がある。

　70年代に一定の蓄積と発展を遂げたベトナムの日本語教育は、80年代

Ⅰ　ベトナムの日本語教育——歴史の流れのなかで——

になると、カンボジア進攻を理由とする日本政府の援助の凍結等により大幅に需要が減り、貿易大学をはじめ各日本語教育機関は10年近く休止ないしは縮小を余儀なくされた。また、90年代後半には不況の影響等で日系企業の撤退が相次ぎ、日本語学習者もそれに伴って減少した。後者のような、日系企業等の動向によりベトナムの日本語教育が少なからぬ影響を受ける事態は今後も起こり得る。この国の日本語教育・学習が、伝統的に、文化的関心からではなく就職等の実利的関心に発しているだけに一層その可能性があるように思う。

　日本語教師としては、この国の日本語教育の質的な面での蓄積が、その社会状況の如何にかかわらず、着実に図られることを願うばかりである。

【注】
1）貿易大学（英語名 Foreign Trade University）はホーチミン市に分校を持っているが、本稿ではハノイの本校についてのみ述べる。
2）ベトナム・日本人材協力センター（VJCC）はホーチミン市にもある。
3）この大学では「日本語学部」という名称も用いられているが、これは教員組織を示すもので、「日本語学部」所属の学生はいない。
4）日本語は初習外国語であるため以前は大学の裁量で授業時間を増やしていたが、数年前から教育養成省が基準を守るよう厳しく指導するようになったという。
5）貿易大学では夜間に長期および短期のコースが開講されており、正規の学生数とほぼ同数の受講生が資格を得るために通っている。

【参考文献】
〈1〉Socialist Republic of Vietnam General Statistics Office: Statistical Yearbook of Vietnam 2006, Statistical Publishing House（2007）
〈2〉国際交流基金：海外の日本語教育の現状＝日本語教育機関調査・2003年＝（2005）
〈3〉ベトナム・日本人材協力センター（ハノイ）：ベトナム北部・中部地域日本語教育関係資料（2007）

（『専門日本語教育研究』第9号〈専門日本語教育学会 2007.12.5〉所収。本書への収録に当たり、若干の修正を行った）

Ⅰ—3　日仏共同支配期のベトナムでの日本語教育
——ベトナム日本語教育史のためのノート——

1　はじめに

　1941年4月から1945年1月まで日本語教育振興会[1]が発行していた、日本語教育に関する月刊誌『日本語』には、ときおり、仏領インドシナ（現在のベトナム、ラオス、カンボジア）における日本語教育の実情についての報告ないしは関連する記述が見られ、それらの報告等から当時この地域でかなりの規模の日本語教育が行われていたこと、また、フランスとの共同支配下での日本語教育は、他の南方占領地で行われた日本語教育とはかなり異なる状況にあったこと、等がうかがわれる。太平洋戦争期の南方占領地での日本語教育については多くの調査・研究があるが、日仏共同支配期の仏領インドシナでの日本語教育については史料的な制約からか、ほとんど取り上げられることがなかった。そこで、当時の仏領インドシナ、特に現在のベトナムの地域での日本語教育について、『日本語』での記述などにより、その全般的な状況を簡単にまとめてみたい。これはベトナムにおける日本語教育の歴史の空白部分を埋める基礎的な作業にもなるであろう。

2　日本語教育実施の背景・経緯・体制

　インドシナは19世紀後半以来フランスの支配下にあったが、日本軍は、蒋介石政権への米英の援助物資がベトナム北部を経由して中国に輸送されるのを阻止するという名目で、仏印政府に執拗に圧力を加えその抵抗をはねのけて、1940年9月北部インドシナに進駐した。また、翌年7月には、

I　ベトナムの日本語教育——歴史の流れのなかで——

南方進出への足場を確保するために、南部インドシナに進駐した。

　日本軍の進駐に伴って、日本語学習の需要および教育の必要性が高まった。それは、後述の講習会受講者に見られるように、具体的には、①日本の将兵との商売上の必要[2]、②日本の進出企業への就職ないしはそこでの勤務上の必要、③仏印政府官吏の実務処理上の必要、等によるものであった。

　仏領インドシナでの組織的な日本語教育への取り組みは、1941年春ごろから仏印政府によって始まった模様である。対象は仏印政府の官吏や軍関係者であった[3]。

　北部仏領インドシナでの、日本側の管理・運営による組織的・本格的な日本語教育は、1942年3月ごろ始まったと見られる[4]が、1942年6月には、大使府の指導の下にハノイ日本人会によって日本語講習会が開設された[5]。その後、希望者の増加、より高いレベルの学習の要求等に応じるために、この講習会は1943年4月には北部仏印日本語普及会[6]へと発展・改組された。北部仏印日本語普及会は、本部をハノイに、支部をハイフォンとフエに置き、北部仏印における日本語学校の経営、日本語教員の指導連絡、日本語教育に関係ある資料の作成・頒布等を行った[7]。この日本語普及会が各日本語講習会を直接かつ統一的に運営していたところに南部とは違う特色がある。

　南部での、日本側の管理・運営による組織的・本格的な日本語教育は、1942年4月、サイゴン・チョロン地区で軍宣伝部によって始まった[8]。その後、日本語学校の数も増加したが、1943年4月には南部仏印日本語普及会[9]が組織され、サイゴンに本部、チョロンとプノンペンに支部が置かれた。南部仏印日本語普及会は、直接日本語学校を経営することはせずに、各日本語学校の指導連絡を主とし、日本語教員の指導、日本語教育に必要な資料の作成・頒布等を行った[10]。

3 日本語教育の具体的状況

当時の日本語教育の具体的状況について、関野（1943）などにより、概要を述べる。

3.1 日本語教育機関・受講者・授業時間等

1943年4月当時、ハノイ、ハイフォン、サイゴンで日本語教育が行われていた。対象はベトナム人、中国人（華僑）、フランス人であった。

ハノイでは、二つの小学校の校舎を借りて、一つは夜間に、もう一つは昼間、講習会が開かれていた。また、中華中学を借りて、夜間に、華僑に対する教育も行われていた。いずれも1日1時間、週3時間、3か月で1期を終了（1年で3期を終了）、というコースであった。受講者は全部で1,000人余りであった。このほかに、華僑小学校、華僑中学の各1校で上級生の正規の科目として日本語が教授されていた（前者は毎日1時間、後者は週2時間）。また、前述のとおり、仏印政府も日本語教育に取り組んでいた。仏印官憲・軍関係者への仏印政庁内での日本語講座、ベトナム人官吏のための講座、一般人を対象とするハノイ大学内での講座などである。

ハイフォンでもベトナム人対象の講習会、華僑に対する講習会が開かれていた。学習者数は合計約270人であった。そのほかに、華僑中学では正規の科目として日本語が週10時間教授されていた。

サイゴン（チョロンを含む）では、共栄日語学院、サイゴン日本語学校、南洋学院附属日本語学校等、7つの日本語学校・日本語講習会が開設されていた。この中には仏印総督教育局が開設したものもある。受講者は、ベトナム人商店員・職工、日本企業のベトナム人従業員、華僑商人の子弟、仏印政府のフランス人およびベトナム人官吏、等で、合計900人余りであった。授業時間は1週間に2～3時間のものが4校、10～12時間のものが3校であった。

Ⅰ　ベトナムの日本語教育──歴史の流れのなかで──

　なお、この約1年後（1944年5月ごろ）の学習者数について、新聞[11]は、「サイゴン、ショロン（チョロン［筆者注］）両市の五校一千名の生徒数を筆頭にハノイ、ハイフォン、ユエ（フエ［筆者注］）、プノンペンなどに合計十一校生徒数一千五百名の多きを数へてゐる」と報じている。

3.2　教材・教授方法・教師

　教材については、当初大使府も外務省も対応にかなり困惑し、両者のやりとりのなかでやむをえずハノイのマイ・リン出版社発行の教科書などを使用することになった模様である[12]が、その後、国際学友会や文部省・日本語教育振興会、国際文化振興会、南洋協会等が作成した各種の教科書が仏印の現場でも使われるようになった。

　1943年4月時点では、ハノイでは、国際学友会の『日本語教科書』の基礎篇、巻一、巻二、巻三が統一的な教科書として使われていた。また、華僑向けには、『効果的速成式標準日本語読本』（大出正篤著）も使われていた。サイゴンでは、日本語教育振興会の『ハナシコトバ』上・中・下、『日本語読本』巻一、巻二、『日本文化読本』、台湾の『簡易国語読本』巻一、巻二、『日本語教科書』巻一、巻二、巻三、巻四などが使われていた。日本語学校によっては、従来どおり教師作成の自主教材なども使われていた。また、例えば、南洋学院附属日本語学校では、開設（43年6月）当初は南洋協会の日本語教科書や国定国民学校教科書が使われていたが、44年9月の時点では、日本語教育振興会の『日本語読本』に徐々に替えられつつあった[13]という。

　ただ、一応教材がそろったとはいっても、現場の悩みは大きかったようで、小関（1944）は、「かうした熱心な学習者にとつて一番困ることは辞典のないことと日本語学校が教師其他の関係で高級者に対するクラスを持つてゐないことである」と、現在のベトナムの日本語教育にもかなりの程度当てはまる問題点を指摘している[14]。

　当時の教授法については詳しい記述は見られないが、関野（1943）は、北部での「教授要領」として次のように記している。

普及会に於ては日本語教育の課程を便宜上四期（各期三ヶ月）に分けて次の要領に依つて教授して居る。

第一期　「ローマ」字を用ひて正しき発音を教授し、「カタカナ」を用ひて「ハナシコトバ」の教授を主眼とし、更に日本語の基礎文型を知らしめる。教材として国際学友会編纂「日本語教科書」基礎篇を使用する。

第二期　「ひらがな」を用ひ、教材として前記「日本語教科書」巻一中より適宜選択する。

　本期より漸次歴史的仮名遣を教授する。

第三期及第四期　夫々前記「日本語教科書」巻二、巻三中より教材を選択して教授する。

　国際学友会の『日本語教科書』は基礎篇および巻一～巻五から成る（発行は基礎篇1940年12月、巻一41年1月、巻二41年9月、巻三42年3月、巻四42年11月、巻五43年4月）が、このうちの巻三までが使用されたことになる。これらの教科書を見ると、北部で行われた日本語教育のおおよその展開が推察できる。

　まず、基礎篇を使って、日本語の発音と文字（かたかな）、基本的な文型を教える。基本的な文型は、現在の日本語教育の初級段階で扱われるような文型が簡潔に主として会話形式で提示されている。次に、巻一で読み物（日本の地図、桃太郎、ネズミノヨメイリ、富士山、天長節、ヒナマツリ、動物園、サクラ、浦島太郎、手紙—先生へ—、羽衣、など）を使って、基本的な文型を総合的に扱いながら語句を学習させ、同時に漢字とひらがなを教える。巻二（国旗、菊の花、隣組、こぶとり、お客様と紹介状、お月見、俳句、雪舟、日本の正月、太陽、野口英雄、など）からはひらがなを中心とし、文型・語句をさらに増やしていく。巻一、巻二では、各課の本文のあとに、文型・語句のまとめが載っている。巻三（くもの糸、せんりゅう、日本の母親、良寛、やしの実、蘭学の始め、豊田式の自動織機、日本の産業、

短歌、小泉八雲、など）からは本文のみである。巻一は、その多くが小学校の国語読本や修身書から採られている。巻二、巻三は、国語読本から採ったものは少ないが、「程度は小学国語読本の巻六から巻八までぐらゐ」（巻二の前書き）、「この巻の程度は、国民学校五・六年ぐらゐ」（巻三の前書き）というように小学校の教科書のイメージで作られている。

　現在の日本語教育に当てはめれば、基礎編は初級、巻一は初中級、巻二は初中級ないしは中級前期、巻三は中級前期ないしは中級後期といった段階に当たると言えよう。教科書全体の構成は、個々の内容は別として、現在の日本語教育にも通じるものがあり、一昔前の日本語教科書の原型を見る思いがする。特に基礎編は外国語教育としての日本語教育という点がよく意識されている。ただ、動詞・助動詞の提出順序については、配慮が足りないという印象がある。一つの課に多くの文型が含まれていて、これを学習者の立場に立って教えきるにはかなりの力量が必要である。前述の、1日1時間、週3時間、3か月で1期を終了というペースは、学習者にも教師にも過重な負担であったと思われる（「教授要領」には、巻一、巻二、巻三は教材を「選択」して使用するとあるが、それもうなずける）。内容の面については、「日本人と日本文化とを知らせることにも努力しました」（巻一、巻二、巻三の前書き）、「日本人の精神を知らせるものを加へました」（巻三の前書き）と述べられているが、それは各課の表題を見ただけでも分かる。

　実際に日本語教育に当たった教師についても全体的な状況はわからないが、日本語教育の始まった当初は現地には日本語教師はおらず、非常に困惑した模様である。はじめは職業をもつ在留邦人がボランティア的に日本語教育に従事していたが、学習希望者の急増もあって、それでは対応できず、大使府をとおして外務省に日本語教師の派遣を要請するに至った[15]。要請に応えて派遣された教師の詳細については不明であるが、教師の採用方法・身分・給与等はケース・バイ・ケースであった模様である[16]。台湾からも派遣されていた。また、日本人教師の中には、サイゴンで、仏印

総督教育局の日本語教師として、仏印政府のフランス人官吏やベトナム人官吏の教育に携わった者もいた[17]。

教師の中に、フランス文学の研究者が含まれていたことが、本人の実践報告[18]や、学校訪問者の報告[19]、その他[20]から分かる。当時の現地の言語状況[21]を日本でどのように認識していたかがうかがえるようで興味深い。

軍部の要求に基づき、1942年11月、南方派遣日本語教育要員養成所が文部省により設置され、講習会修了者がフィリピン、ジャワ、ビルマ、マラヤ等に派遣されたが、仏印は派遣計画には含まれていなかった[22]。

いずれにしても、力量のある教師の不足はその後も解決されなかった模様で、1944年に至っても、蘆原（1944）は、「もっとも痛切に要求されるのは、結局適当な指導者と云ふことである」と述べ、釘本（1944 b）も、「教授の人手も足りないために、この青年などの入るべき高次の課程は、まだ開設できずにゐるのである」と述べている。

なお、日本語教師の中には、日本人だけでなく、ロシア人や中国人もいた[23]。

3.3　その他、全般的な状況

そのほかに、『日本語』等の断片的な記述から、当時の日本語教育の状況ないしは雰囲気について、以下のようなことがわかる。

学習者はかなり自発的に日本語の学習を希望し、在留邦人との関係も良好だった模様で、ハノイでは女生徒を在留邦人の家庭に招待し生花・お茶といった日本文化に触れさせることも行われていた[24]。また、ハイフォンでは、領事が学習者をホテルに招待し日本料理で接待するといったことも行われていた[25]。

北部では、日本語講座の修了式は、特別の位置づけで宣伝を兼ねて盛大に行われていた模様で、修了生の父兄や、大使府陸海軍、日本人会、仏印側の首脳部、日本・フランス・ベトナムの新聞記者などが列席していた[26]。

修了式のあと、日本映画が上映されるのが恒例となっていたようで、軍国主義を鼓吹する戦争映画などが上映されていた[27]。北部仏印の比較的自由な雰囲気の中での日本語教育において、修了式は「大東亜共栄圏」建設を宣伝する重要な機会であったと思われる。

また、サイゴンでは、日本語学習者のために仮名文字新聞が旬刊で発行され2,000人の読者を持っていたという[28]。

ただ、戦況の悪化により、1942年5月ごろからハノイは空襲を受けるようになり[29]、1943年12月には修了式が中断されるといったこともあった[30]。その後も、ハノイ、ハイフォンでは空爆下で日本語教育が行われた[31]。

4　日仏共同支配期の日本語教育の特徴

仏領インドシナでは軍政は施行されず[32]、仏印政府と共同で支配することが基本方針とされていた。この時期の日本語教育で特徴的なことは、まず第一に、フランスとの共同支配という状況の下で、日本語教育の面においても仏印当局と日本側との間に一定の緊張と融和の関係があったという点である。

仏印当局は、当初は日本主導の日本語教育の急速な広がりを快く思わず、日本側に「取り締まり」を要求するとともに、1942年6月には日本語講座の開設には所轄官庁の許可が必要という制度をつくった[33]。しかし、その一方で、現実の必要から、仏印当局は、仏印政庁内に日本語講座を開設して仏印官憲・軍関係者に受講させたり、ベトナム人官吏のための講座を設けたり、また、日本語をハノイ大学入学資格試験の選択科目に加えたりした（1942年3月）[34]。南部でも、フランス人官吏やベトナム人官吏のための日本語講座を開設した。そのほか、日本語講座のために小学校等の校舎を提供したり[35]、前述のとおり日本語講座の修了式に出席するなど、日本側に協力的な姿勢も見せている。

第二に、上記とも関連するが、日本側は日本語教育を現地人に強制する

ことができなかったという点である。仏印での学校教育を管理していたのはフランス側であり、仏印当局との交渉なしに日本側が学校教育に介入することはできなかった。石黒（1943ｂ）には、「その後仏印当局は日本語を全学校の正課に編入することを公布した」とあるが、それがどの程度実施されたかは分からない[36]。いずれにしても、仏印での日本語教育には強制的な色彩は薄く、融和的ないしは懐柔的なものであった[37]。

　第三に、日本語教育を組織した日本政府（大使府）の意図と、現場でそれを遂行する人々の意図、そして学習者の意図がかなりずれていた点も垣間見ることができる。日本側、特に上層部は、言うまでもなく、「大東亜共栄圏」建設に資することを目的としていた。しかし、教育の現場では、そうした内容を含んだ教材を使い、期待されている使命を意識しながらも、目の前の学習者の要求にどう応えるかで追われていたものと思われる。日本語教師が「大東亜共栄圏」建設の思想を学習者に鼓吹していたことを示す記述は見られない。他方、学習者の側は、それぞれの置かれた現実の必要（就職や仕事での必要など）から日本語を受講し、時に、日本側の意図を表面的には受け入れ[38]、行事等でときおり紹介される日本の歌謡や軍国主義的な映画も適当に"楽しんでいた"様子である[39]。

5　おわりに——ベトナム側から見た、日仏共同支配期の日本語教育——

　日本側の数少ない史料からは、日仏共同支配期の日本語教育は、そのほとんどが日本の直接の管理・運営によるものではあっても露骨な皇民化教育は行われず、ベトナムの人々にはかなり好意的に受け止められたようにも見える。当時の日本語教育の状況には、学期区分の仕方など、現在のベトナムの状況に通じるものもある。

　しかし、「進駐」という名の侵略を受けたベトナムの人々（若い受講者だけでなく、一般の人々）がこのような日本語教育を当時心の底でどのように受け止めていたか、あるいは、戦後ないしは現在どのように評価して

いるかは別の問題である。実際、例えば、チャン・フイ・リエウ他編（1957）には、「上述したような政治目的（「人民の財産をむさぼる」という目的 [筆者注]）に資するため、日本ファシストはベトナムに足を踏み込んで以来、多くの狡猾な宣伝手段をもてあそんできた。それは次のようなものである」として、五つの「宣伝手段」を挙げているが、その二番目で次のように述べている[40]。

> （二）彼らは日本の文化を普及するためと称して多くの日本語学習書をつくり、南部のあちこちで日本語講習会を開いた。しかしその本質は、彼らに仕える人間をあらかじめ養成しておくことにあった。

また、ベトナムの高校生向けの歴史教科書[41]には、当時の日本語教育に関して、現在次のように記述されている。

> 同時に、彼らは「大東亜共栄圏」といったまやかしの議論を振り回し、日本語を学ぶための本をたくさん出版し、日本語を教えるクラスを開き、日本とインドシナとの間での、知識人や学生・生徒の交換を組織したりした。それは、"無敵日本"の文化と威力を宣伝し、インドシナ人民の中のフランスの影響を徐々に取り除くためであった。

今後、日本側の史料をさらに発掘するとともに、ベトナムおよびフランス側の史料により、日仏共同支配期の日本語教育の全体像をさらに広く深く把握し、そこから将来に向けての教訓を引き出す必要がある。今後の課題としたい。

追記——その後の、ベトナムにおける日本語教育とのつながり——

仏領インドシナにおける日本語教育は、日本軍の敗退とともに終了し

た[42]。この時期の日本語教育が以後のベトナムにおける日本語教育に及ぼした影響等については史料に基づき改めて考察する必要があるが、以後の日本語教育の発展との関連で、筆者の知る一つの事実に触れておきたい。それはグエン・ゴク・カイン氏（Nguyen Ngoc Canh 1920—1982）のことである。現在の、ベトナムにおける日本語教育の隆盛を見るとき、筆者はカイン氏が果たした役割について感慨深く思い起こさざるをえない。

　筆者は1973年から1977年にかけて、ハノイの貿易大学で日本語教育に従事したが、当時カイン氏は貿易大学で日本語コースの責任者として日本語コース運営のすべてを取りしきっていた。筆者らが作成した教材[43]の原稿も必ずカイン氏が目をとおし、疑問等があれば率直に意見を述べていた。もちろん日本語は堪能であった。日本語の授業そのものは通常は同氏の教え子である若いベトナム人教師と日本人教師に任せていたが、日本語コースの学生のための貿易業務の授業は自身が担当していた。同氏はフランス語も堪能で、フランス語の文法の著書もあるとのことであった。人柄は実直そのもので、パリ協定締結から間もない時期であらゆる物資の不足していたときに、日本人教師の生活上の問題も何とか改善しようと奔走していた。

　来日経験のない同氏がどうやって日本語を習得したのか、残念ながらゆっくり話を聞く機会を失ってしまった。ただ、あるとき、「私はロシア人に日本語を習ったんですよ」と話してくれたのを、筆者はそのときの同氏の人懐っこい笑顔とともにはっきり記憶している。

　戦時中の生活について筆者が尋ねたとき「家庭が豊かだったので、食糧には困らなかった」と話していたことや、その能力・誠実さにもかかわらず過去の経歴が大学内での身分・立場に影響を与えていたという同氏の教え子たちの話などから見て、「日本語を習ったロシア人」とは、畠中（1943）等に記述されているプレトネルのことにほぼ間違いないと思う。プレトネルは、1941年春に、仏印当局によって日本語教師として日本から招聘された人物である。カイン氏はまずフランス語を身につけ、日仏共同支配期

に仏印政府が開設した日本語講座でロシア人から日本語を学んだものと思われる。

　戦後、1960年代の初めまでは、カイン氏は貿易関係の仕事に従事していたようで、その当時の話を筆者もときおり聞く機会があった。中原（1998）には、1956年末にホンゲイ無煙炭の輸出契約交渉で中原ら訪越貿易代表団との折衝に当たっていた同氏のことが記述されている。

　1962年に、ハノイの貿易大学（1960年創立。当時は貿易省所管）に戦後初めての日本語講座が開設されたが、このとき、責任者となり日本語を教授したのがほかならぬカイン氏であった。1970年まで3回にわたって、各機関から集められた合計70人近い受講者に日本語が教授されたが、第一回目の講座では、カイン氏が自ら一人で教育に当たり、二回目、三回目はカイン氏の教え子たちが教育に当たった[44]。

　73年のテト（旧正月）明けに、ベトナムで最初の、若い正規の学生のための日本語コースが開設されたが、その正規の日本語コースや、日本語既習者の再教育のためのコース、各機関から派遣された日本語未習者のためのコースの運営を担い、教え子たちや日本人教師とともに自らも教育に当たったのがカイン氏であった。

　現在、貿易大学では、73年以降にカイン氏が指導した最後の教え子たちと、さらにその教え子たちが教育に当たり、ベトナムにおける日本語教育のセンター的な役割を担っている。

　このように、カイン氏は日仏共同支配期の、日本とフランスの管理・運営による日本語教育から、ベトナムの主体的な意思に基づく日本語教育への橋渡しの役割を果たしたのである。

【注】
1）1940年12月、日語文化協会内に設置された。委員長は文部省図書局長（日語文化協会理事）。その後、文部省と興亜院により1941年8月、外郭団体として改組、拡大・強化され、文部大臣が会長となった。「日本語教育振興会規則」によれば、会の目的は、「東亜ニ於ケル日本語ノ普及」と「日本語教育ノ振興」であり、具体的な事

業としては、「日本語ノ普及ニ関スル諸般ノ調査及研究」、「日本語教科用図書ノ刊行及頒布」、「日本語教育資料ノ作成及頒布」、「日本語教師ノ養成及指導」、「日本語ノ普及及日本語教育ノ振興ニ関スル各種会合ノ開催」、「日本語ノ普及及日本語教育ニ関スル雑誌ノ発行」、「日本語ノ普及又ハ日本語教育ノ振興ニ関係アル内外諸団体トノ連絡及之等団体ノ行フ諸事業ノ調整」、「其ノ他日本語ノ普及竝日本語教育ノ振興ニ関シ必要ナル事項」、が挙げられている。

2）釘本他（1942）での大屋久寿雄の発言によれば、仏印進駐後、ごく短期間にサイゴンの「アンナン人（ベトナム人［筆者注］）、印度人の商売人が期せずして日本語をやり始めた」という。また、「総領事館には日本語の宣伝用の為に極く簡単な、安南語（ベトナム語［筆者注］）と対照したパンフレット様の五六頁のものがあった。それを商人連中が、ワンサと押掛けて貰ひに来る」とも述べている。

3）畠中（1943）。「プレトネル氏は白系ロシア人で、フランス語はフランス人はだしにうまいし、日本には十八年とかゐたさうであるから、日本語も驚くほど巧みである。この二つの特長を買はれて、此の（1941年［筆者注］）春から佛印政府の招聘で、ハノイに於て軍人や官吏に日本語を教へてゐるのである。」(p.86) 同書には、著者が見たプレトネル氏の授業の模様も描写されていて（pp.442〜446）大変興味深い。ただし、石黒（1943ｂ）には、「ハノイ大学の日本語講座は既に四年の歴史をもってゐる」との記述があり、これが事実だとすれば、仏印政府は日本軍の北部進駐直後から日本語教育に取り組んだことになる。

なお、上記のプレトネルとは、オレスト・ヴィクトロヴィチ・プレトネル（1892－1970）のことで、武藤（1968）によると、その略歴は次のとおりである。出身はサンクトペテルブルクで、ペテログラード大学東洋語科を卒業、同大学院で日本語、日本文学、言語学を修めた。1917年に外交官補として来日したが、1922年ダニエル・ジョーンズに音声学の指導を受けるためにロンドン大学に留学。1923年大阪外国語学校の外国人教師となり、京大、天理外国語学校などでも言語学、音声学、ロシア語を教えた。1940年代に入り、日本の軍国主義的な風潮にがまんができず、日本を去り、ハノイ大学で日本語を講じた。1950年再来日し、大阪外国語大学で音声学、ロシア語発達史、フランス語発達史などを講じた。

4）3月7日、ハノイの大使府栗山事務総長から東郷外務大臣宛に「河内（ハノイ［筆者注］）華僑商務会ハ当府指導ノ下ニ三月三日語学校ヲ開設セリ」との電報が発信されている。また、3月16日発の電報には、「当地ニテハ曩ニ華僑日本語学校開設セラレ、更ニ安南人日語学校モ開設準備中ナル処適当ナル教科書ナク不便ヲ感シ居ルニ付見本トシテ海外向ケ日本語教科書教材各種二冊宛至急御送付相成度シ」とある。

5）関野（1943）。ただし、ハノイの芳澤大使から谷外務大臣宛ての電報（1942.9.24）には、「河内地方ニ於ケル日本語普及事業ハ日本人会名義ニテ大使府自ラ之ニ当リ居ル……」とあり、これが実態であったと思われる。

Ⅰ　ベトナムの日本語教育——歴史の流れのなかで——

6)　会長は大使府情報部長［関野（1943）］
7)　関野（1943）
8)　小関（1944）、関野（1943）
9)　会長は大使府サイゴン支部情報部長［関野（1943）］
10)　関野（1943）
11)　1944年5月5日付『朝日新聞』
12)　栗山事務総長から東郷外務大臣宛（1942.3.16）、東郷外務大臣から芳澤大使宛（1942.5.29）、芳澤大使から東郷外務大臣宛（1942.6.3）の電報。ただし、これらの電報からは、大使府と外務省双方の、日本語教育についての思い込みが日本語教科書の入手を遅らせた可能性もうかがえる。例えば、東郷外務大臣から芳澤大使宛の電報（1942.5.29）には、「内地ニハ未タ安南語ハ固ヨリ仏語ニヨル日本語教科書ハ刊行セラレタルモノナク」といった文言が見られ、ベトナム語やフランス語による説明を必須のものと考えていた節がある。後に北部での標準的な教科書となった国際学友会の『日本語教科書』は、後記のとおり、1942年3月末には既に巻三まで発行されていた。
13)　池田（1944）
14)　蘆原（1944）も「彼らの読書欲を満足さすべき書籍」と辞書の必要性に触れている。
15)　関野（1943）、および、大使府・外務省間の電報。1942年10月6日付の電報では、教師約10名（うち1、2名は経験豊かなリーダー的教師）の派遣を求めている。なお、白石昌也他（1981）には大使府情報部の勤務員が華僑への日本語教育を「手伝った」ときの様子が記録されている（「山口智己氏インタヴュー」）。
16)　大使府・外務省間の電報による。
17)　祖河（1942）
18)　鈴木（1942）。なお、鈴木健郎は終戦まで仏印派遣軍司令部（サイゴン）の宣伝部長であった［佐野祐二（1998）］
19)　釘本（1944 b）
20)　白石他（1981）および白石（1983）。南洋学院附属日本語学校で日本語を教えていた木内林太郎は、同時に南洋学院で日本人学生にフランス語を教えていた。
21)　当時の言語状況について、大屋久寿雄は、「仏印に於けるフランス語の普及範囲は狭いもので、精々サイゴン、ハノイの中流以上で、街へ一歩出ると全然別になります」の述べている（釘本他（1942））。
22)　石黒（1943 a）、石黒（1943 b）、1942年8月19日付『朝日新聞』、木村（1991）
23)　関野（1943）。ロシア人教師については注3）および追記で触れた。
24)　蘆原（1944）
25)　「彙報」『日本語』（1944.4）
26)　「彙報」『日本語』（1944.4）
27)　釘本（1944 a）、蘆原（1944）

28) 1944年5月5日付『朝日新聞』。小関（1944）によれば、発刊は1943年10月。
29) 1942年5月15日付『朝日新聞』（夕刊）および5月31日付『朝日新聞』
30) 「彙報」『日本語』（1944.4）、蘆原（1944）、釘本（1944 a）
31) 釘本（1944 a）
32) 大本営政府連絡会議決定（1941.11.20）「南方占領地行政実施要領」
33) 関野（1943）。関野（1943）記載の「一九四二年六月二十二日附印度支那総督発地方行政官庁宛回章」では、仏印総督側は、「取り締まり」の理由を、「全ク其ノ能力無キニ拘ラス誇大ナル広告ヲ以テ日本語講座ヲ開カントスル者アルニヨリ」としている。
34) 関野（1943）
35) 関野（1943）、蘆原（1944）
36) 大出（1942）は、「初等学校」の「困難性」を述べる中で、新聞記事（情報局第一部長談）を引用し、「仏印政府では生徒を選んで四百何十人かに日本語を教へてゐるが、それが或事情のために大部分がフランス人で、極く少数の安南人と支那人が混ってゐる。」と伝えている。
37) 「大東亜共栄圏」への日本語普及に積極的であった保科孝一でさえ、「仏印とも攻守同盟を締結してゐるので、あくまで友好関係にあるのであるから、ここに日本語を普及せしめることは当然であるが、日本語の教育を強制することは出来ない。」と述べている［保科（1942）］。
38) 小関（1944）は、「仮名文字新聞での応募作文にも中々堂々と東亜民族としての安南人の決意を述べるものが出てきてゐる」と述べている。また、蘆原（1944）は、講習会の修了式のあとの学芸会の模様を次のように報告している。「この春などは生徒自身芝居の台本を書き演出もして大喝采を博した。支那の商人、安南の商人、印度の商人、この銘々が互ひに自国語を語って話が通じない。そこで安南の商人が思ひついて日本語で話す。これが見事に通じて、日本語は東亜の共通語であると云ふことを如実に示す芝居。何はともあれ、彼等自身がかう云ふ芝居を考へ出して演出するところに妙味がある。」
39) 例えば、蘆原（1944）は、「ハワイ・マレー沖海戦」や「空の神兵」が日本語学習者に「多大の感銘を与へた様である。特に訓練の厳しさ、訓練と云ふものの価値に就て認識を深めたことは、はつきりうかがはれる」と述べている。小関（1944）は、「一般に原住民殊に安南人の日本に対する好意、信頼の念はつよく、自己民族の将来については日本に学んでゆかうといふ気持を抱いてゐる者が多いから、他の南方地域とは異つた特殊な情勢下におかれてゐる」と述べている。
40) （二）以外は次のとおりである。
　（一）多くの展示会を次から次へと開設して映画を上映したり本を出版したりした。そこにはマニラ、シンガポールなどにおける日本軍の戦勝が宣揚されていた。彼らの力は無敵であり、必ず全戦全勝するのだということを人々に思い込ませ

Ⅰ　ベトナムの日本語教育——歴史の流れのなかで——

るためであった。

（三）彼らは絶えず大東亜論をばらまいて人々を麻痺させ、あらゆる方法を講じて日本とベトナムの関係を発展させようとした。それは次のようなことである。すなわちベトナムの学生を日本に、日本の学生と教師をベトナムに行かせ、日本の自転車競技の選手をベトナムに送り、ベトナム仏教会の代表を日本での大東亜地区仏教者会議に出席させ、日本仏教特派団をベトナムに派遣し、日本の画家をベトナムに送ってその作品を展示させ、逆にベトナムの画家が日本でその作品を展示できるようにした。さらに、日本文化院をハノイに開設し、のちには多くの展覧館を作って日本の製品を展示し、日本の強大さを人民にわからせようとしたことなどである。

（四）彼らは「金雲翹伝」を日本語に訳したり、ベトナムの有名な劇団の公演を援助するなどして、いかに彼らがベトナムの豊かな文化に関心を寄せているかを、人々に思い込ませようとした。

（五）ハノイ、サイゴンにいくつかの日本病院をつくり、インドシナ人民に数トンのキニーネを贈り、サイゴン＝ショロン地区の慈善機関に数百包みの粉薬を贈ったり、負傷したベトナム人民への救援金を寄付したりした。これは彼らがいかにベトナム人民の生活に、絶えず関心を払っているかを示そうとしたものである。しかしこうした「慈善」活動や「援助」なるものは、実はわれわれがすでに知っているように、彼らのあくなき野蛮な経済搾取の手段の上に立った、わずかばかりのものでしかなかったのである。

41）Lịch sử 12 TẬP HAI ベトナム教育養成省 2001
42）日本語教育が実際にいつまで行われたか確認できていない。
43）初級段階では国際学友会の「NIHONGO NO HANASIKATA」に準拠して作成した。
44）この時期の日本語教育については、カイン氏の教え子のチャン・ソン氏（前貿易大学日本語部門責任者）からの聴き取りをもとに、宮原（2004）の中で触れた。

【参考文献】
〈1〉蘆原英了（1944）「仏印における日本語教育」『日本語』第四巻第八号　日本語教育振興会
〈2〉池田　曄（1944）「南洋協会の事業」『日本語』第四巻第九号
〈3〉石黒　修（1943 a）「南方派遣日本語教師」『教育』11巻4号　岩波書店
〈4〉石黒　修（1943 b）「日本語教育の新しい出発」『外地・大陸・南方　日本語教授実践』国語文化学会
〈5〉大出正篤（1942）「初等教育における日本語教授の困難性」『日本語』第二巻第十一号
〈6〉小関藤一郎（1944）「南部仏印における日本語学校の問題」『日本語』第四巻第八号

I−3　日仏共同支配期のベトナムでの日本語教育

〈7〉 外務省外交史料館所蔵『本邦国語関係雑件　日本語学校関係』
〈8〉 河路由佳（1996）「戦前・戦中の在日留学生に対する直接法による予備教育用日本語教科書　国際学友会編『日本語教科書　基礎編・巻一〜五』――その編纂・内容・使われ方――」文教大学文学部紀要第10‐1号
〈9〉 木村宗男（1991）「戦時南方占領地における日本語教育」『講座日本語と日本語教育　第15巻　日本語教育の歴史』明治書院
〈10〉 釘本久春（1944ａ）「南の土（二）」『日本語』第四巻第九号
〈11〉 釘本久春（1944ｂ）『戦争と日本語』竜文書局
〈12〉 釘本久春他（1942）「南方建設と日本語普及　従軍記者座談会」『日本語』第二巻第五号
〈13〉 国際学友会（1940‐43）『日本語教科書』基礎篇、巻一、巻二、巻三、巻四、巻五
〈14〉 佐野祐二（1998）『53年目の仏印戦線』日新報道
〈15〉 白石昌也他（1981）『インタヴュー記録　日本の南方関与Ｃ‐6』東京大学教養学部国際関係論研究室
〈16〉 白石昌也（1983）「サイゴン「南洋学院」について」田中宏編『日本軍政とアジアの民族運動』アジア経済研究所
〈17〉 鈴木健郎（1942）「習得に一苦労　南方日本語普及の一年　安南①」「平仮名を喜ぶ　南方日本語普及の一年　安南②」「助詞は厳密に　南方日本語普及の一年　安南③」1942年12月15日、16日、17日付『朝日新聞』
〈18〉 関野房夫（1943）「泰国及仏領印度支那に於ける日本語教育の現状（二）」『日本語』第三巻第九号
〈19〉 祖河　孝（1942）「南方日本語教育の実状（二）　仏印」1942年8月21日付『東京日日新聞』
〈20〉 チャン・フイ・リエウ他編（1957）「フランス・日本支配下のベトナム社会」アジア・アフリカ研究所編（1970）『資料 ベトナム解放史 第1巻』労働旬報社
〈21〉 中原光信（1995）『ベトナムへの道』社会思想社
〈22〉 日本語教育振興会（1941.4―1945.1）『日本語』創刊号〜第五巻第一号
〈23〉 畠中敏郎（1943）『佛印風物詩』生活社
〈24〉 防衛庁防衛研究所戦史部（1985）『史料集 南方の軍政』朝雲新聞社
〈25〉 保科孝一（1942）『大東亜共栄圏と国語政策』統正社
〈26〉 法橋和彦（1994）「終刊にあたって」『ロシア・ソビエト研究』第17号　大阪外国語大学ロシア語研究室
〈27〉 宮原　彬（2004）「第5章　ベトナム」鹿島英一編著『大学生のための短期留学――オセアニア・アジア・中東――』風間書房［本書Ｉ―4に収録］
〈28〉 武藤洋二（1968）「プレトネル先生の業績と略歴」『ロシア・ソビエト研究』6号　大阪外国語大学ロシア語研究室

Ⅰ　ベトナムの日本語教育——歴史の流れのなかで——

〈29〉吉沢　南（1986）『戦争拡大の構図　日本軍の「仏印進駐」』青木書店
〈30〉ベトナム教育養成省（2001）Lịch sử 12 TẬP HAI
〈32〉『朝日新聞』（1941年9月14日付、1941年9月23日付、1942年5月15日付（夕刊）、1942年5月31日付、1942年8月19日付、1944年5月5日付）

（『長崎大学留学生センター紀要』第12号（2004.6）所収。本書への収録に当たり、若干の修正・加筆を行った）

Ⅰ—4　ベトナム日本語教育史および日越留学交流史のためのノート

1　地理と歴史——日本人にとってのベトナム——

　ベトナム社会主義共和国はインドシナ半島の東岸に南北に細長く横たわっている。北は中国、西はラオス、カンボジアと国境を接している。日本との時差は2時間である。国土の面積は33万 km^2 で日本よりやや小さい。総人口は8,000万人（2002年）である。歴史的に北部、南部、中部に分けられるが、北部の中心都市は首都のハノイ、南部の中心都市はホーチミン市（旧サイゴン）、中部はグエン朝（1802年〜1945年）の旧都フエである。ベトナム最大の都市はホーチミン市で人口は550万人、ハノイの人口は290万人（2002年）である。総人口の86％（1999年）はキン族（狭義のベトナム人）であるが、そのほかに、タイー族、ターイ族、ムオン族、ヌン族など50を超える少数民族がおり、主に北部と中部の山地に住んでいる。

　亜熱帯と熱帯の地域にあるベトナムは地方によって気候がかなり違う。ハノイには四季がある。と言っても、夏が長く（5月〜9月）、春と秋は短い。長い夏の蒸し暑さは大変なもので、冷房設備のなかった時代は日本人が生活するにはかなり厳しい状況であった。冬はしばしば霧雨が降り底冷えがする。ハノイでいちばん過ごしやすいのは秋（10月ごろ）である。南部のホーチミン市は一年中暑いが、ハノイに比べれば湿度が多少低くまだ過ごしやすいようである。

　2002年6月、成田・ハノイ間に、また、2003年9月には福岡・ホーチミン市間に直行便が開設された。1994年11月の、関西・ホーチミン市間の直行便の開設によって縮まった両国の時間的・心理的距離は、成田・ホーチミン市間の開設（2000年11月）、そして成田・ハノイ間、福岡・ホーチ

I　ベトナムの日本語教育——歴史の流れのなかで——

ミン市間の開設により、ますます縮まることになった。所要時間は5～6時間である。1973年に筆者が初めてハノイを訪れたときは、羽田から香港経由でラングーン（現在のヤンゴン）に飛び、ラングーンに3泊したのち、アエロフロート（ソ連）機でビエンチャン（ラオス）を経由してハノイ郊外のザラム空港に着くという長旅であった。当時は両国間の郵便事情も極めて悪かった。ハノイから日本に出した郵便物が日本に着くのに通常40日かかった。個人が手紙で連絡を取り合う場合、その間に互いの状況が変わり、さまざまな悲喜劇が生まれた。現在は、電子メールや電話・ファクスで簡単に連絡もでき、また、書類等も5日もあれば確実に届く。

　現在、日本人にとってベトナムは「近い国」になりつつあるが、歴史的に見ると、過去にもこの国が日本人にとって身近な存在となった時期が何度かある。

　まず思い出されるのが朱印船貿易の時代である。17世紀前半、日本の商人たちは銀や銅を持ってベトナムの中部や北部を訪れ、中国生糸や絹織物を輸入した。当時、中部のホイアンなど各地に日本人町がつくられた。

　次に、第二次世界大戦のころである。インドシナ（現在のベトナム、ラオス、カンボジア）は19世紀後半以来、フランスの植民地となっていたが、日本軍は、1940年9月北部インドシナに、また翌年7月には南部インドシナに進駐し、フランスと共同でインドシナを支配した。日本軍とともに日本企業も進出した。インドシナは日本の重要な貿易相手国となり、日本は大量の米を輸入した。日本とフランスによる米の安価な強制的買い上げや、黄麻・ヒマなどの軍用作物の栽培の強制とそれに伴う稲・トウモロコシの減産等により1944年末から45年の初めにかけてベトナム北部、北中部に大規模な飢饉が起こり200万人近い餓死者が出たと言われている。日本軍は1945年3月、クーデタによりフランスから権力を完全に奪取し、かいらい政権を打ち立てた。

　1945年8月、日本が降伏すると、ホーチミン率いるベトミン（ベトナム独立同盟）に結集した人々は全国で一斉に蜂起しベトナム民主共和国を

I—4　ベトナム日本語教育史および日越留学交流史のためのノート

樹立した。9月2日、ハノイのバーディン広場で、ホーチミンは独立を宣言した。この独立宣言にはフランスの植民地支配と日本の侵略の歴史が述べられているが、その冒頭にはアメリカの独立宣言の中の有名な一節、「人間はすべて平等につくられている。人間は譲り渡すことのできない権利を造物主から与えられている。それらの権利の中には、生命、自由、幸福追求がある」が引用されている（この一節は、現在、ホーチミン市にある戦争証跡博物館の、アメリカの戦争犯罪を告発する部屋の入り口にも掲げられている）。興味深いことに、日本の将兵の中には、日本の敗北後この地に留まってベトミンに加わり抗仏戦争に参加した人たちが大勢いる。

　次に日本との関係が深まったのは、ベトナム戦争のころである。

　フランスは、ベトナム民主共和国の成立後、再びベトナムに進出してきた。アメリカも、中華人民共和国（1949年成立）がベトナム民主共和国を承認したのを契機にフランスを支援、戦争は長期化していった。しかし、1954年5月、ベトナム西北部ディエンビエンフーの要塞が陥落しフランスは敗退した。54年7月ジュネーブで和平協定が締結され、北緯17度線が南北の暫定的な境界線とされ、北部はベトナム民主共和国、南部はベトナム国の地域となり、2年後に南北統一選挙を行うことが決められた。しかし、フランスに代わってベトナムへの影響力を強めてきたアメリカは、「ベトナムが共産主義者の手に落ちれば、東南アジア全体が共産化する」という論理（ドミノ理論）で、サイゴン政権を支えようと南ベトナムでの闘争に積極的に介入し、1961年以降、軍事顧問を送り込み、その数を次第に増大させていった。1964年8月、アメリカはトンキン湾事件（アメリカの駆逐艦が北ベトナムの哨戒艇から攻撃を受けたとされる事件）を口実に、北ベトナムへの爆撃を行った。アメリカは、65年2月以降、南部の解放勢力を支援する北ベトナムへ打撃を加えるために、本格的な北爆を断続的に行った。1965年、アメリカは初めて戦闘部隊を南ベトナムに投入したが、その数は68年には54万人に達した。日本政府はアメリカに追随しサイゴン政権（ベトナム共和国）をベトナム唯一の合法政府とみなし、59年賠

I ベトナムの日本語教育——歴史の流れのなかで——

償協定を締結、支払いを行った。日本の米軍基地は、沖縄を中心に、ベトナムへの出撃、武器弾薬の補給・輸送、戦車や航空機の修理、傷病兵の治療等々で重要な役割を果たした。また、この戦争は日本経済をうるおした。他方、日本には、ベトナム戦争に反対しベトナムの人々を支援しようという人々も多かった。支援運動は大規模に展開されベトナムの人々を励ました。日本の港からは、ベトナムの人々への支援物資を積んだ船が11次に渡って出航した。

　1968年、パリで、ベトナム民主共和国とアメリカの間でベトナムの和平にむけての交渉が開始された（翌年、南ベトナム解放民族戦線とサイゴン政権も参加）。アメリカは一方で和平交渉のテーブルに着きながら、北ベトナムへの爆撃を続けた。1972年のクリスマス前後には、12日間にわたってハノイへの大空襲を行い、住宅の最も密集した市街地にじゅうたん爆撃を加え、また病院や空港を破壊した。「空のディエンビエンフー」と呼ばれるこの戦いにもベトナムは屈しなかった。1973年1月、ついに、和平協定が締結され、アメリカ軍はベトナムから全面撤退することになった。その後も、中部、南部ではサイゴン政権と解放勢力の間で小規模な戦闘が続いていたが、1975年3月以降の解放勢力の大攻勢により、4月30日サイゴン政権は崩壊した。ハノイの街では連日「大勝利の喜びの日にホーおじさんがいるようだ」という歌がスピーカーから流れた。翌76年7月、南北ベトナムは統一されベトナム社会主義共和国が誕生した。

　アメリカとの戦争が終わり長年の夢であった統一が実現しても、ベトナムの人々は国づくりにまい進することはできなかった。カンボジアとの国境線付近での紛争が拡大し、1978年12月、ベトナムはカンボジアに進攻し、79年1月、カンボジアの反政府軍とともにポルポト政権を倒した。これに対し、ポルポト政権を支援してきた中国は「懲罰」として翌月ベトナム北部に攻め入り戦闘は1か月にわたった。ベトナム軍のカンボジア進攻・駐留は西側諸国からも反発をかい、援助も停止された。経済政策の失敗、カンボジア支援、諸国からの援助の停止等によりベトナムの経済は疲

弊し、すさまじいインフレ、食糧不足などで人々の生活は極度に悪化した。生活の苦しさは戦時とは比較にならないほどのものだったという。

　日本とベトナム民主共和国との国交は1973年9月に樹立され、日本から無償援助や借款が供与されたが、カンボジア進攻を理由に援助は凍結され、その後しばらく両国の関係は冷え込んだ。

　ベトナム戦争後、日本との関係が再び深まったのは、90年代以降である。1986年12月、ベトナム共産党は第6回大会でドイモイ（刷新）を提起した。このドイモイ路線により、市場経済原理の導入、外資導入の促進等が図られ、ベトナム経済は次第に活気を帯びてきた。カンボジアからの撤兵も実現し、日本政府は、1992年、ベトナムへの援助を再開した。両国の経済・貿易関係は大きく進展し、日本企業の進出も相次いだ。その後、日本の不況等により撤退する企業も出たが、2002年12月現在回復傾向にある。

2　言語と文化——日本人からみて——

　ベトナムの公用語はキン族の言語、ベトナム語である。ベトナム語の特徴としては、①文の基本的な構造がＳＶＯ（主語—動詞—目的語・補語）であること、②動詞・形容詞に語形変化がなく、時制は時を示す他の語句によって示されること、③単語が単音節ないしはその結合から成ること、④声調が六つあること、⑤名詞の修飾語が被修飾語の後ろに置かれること、⑥語彙の中にベトナム語化した漢語（漢越語）が多数含まれている（ベトナム語の語彙の70％近くが漢越語であるとも言われる）こと、等を挙げることができる。

　ベトナム語は日本人には親しみのもてる、また、比較的学習しやすい言語である。漢越語と、それに相当する日本語の漢語との間には発音の面で類似性ないしは一定の法則性があり、その語の意味を推測できる場合が多い（例えば、chu y［チューイー、注意］、chuan bi［チュアンビ、準備］、

ky niem［キーニエム、記念］など）。文の構造は基本的には英語と似ていて、動詞に語形変化がない分単純である。発音は、日本語より母音の種類が多く、また、声調が六つあるなどやや難しい面はあるが、日本語にない子音の区別の多様な中国語や朝鮮語に比べれば、日本人には学びやすい。何よりローマ字表記であり、また、そのローマ字に付くさまざまな記号が発音や声調をほぼ正確に表しているので学習には楽である。

　ベトナム語のローマ字表記は、カトリックのヨーロッパ人宣教師によって17世紀に始まった。科挙官僚制度（1075年～1919年）では漢字・漢文が使われ、また、ベトナム固有の漢字である字喃（チューノム）も使われた（13世紀～19世紀）が、いずれも広くは普及しなかった。ベトナム民主共和国成立当時、ベトナムの識字率は5％程度だったと言われる。ローマ字表記の習得により識字率を引き上げようと、ホーチミンは非識字者一掃運動を組織し、「文字を知らない人は一生懸命覚えなければならない。妻が知らないときは夫が教え、弟や妹が知らないときは兄が教え、両親が知らないときは子どもが教え、使用人が知らないときは主人が教えるのだ」と国民を鼓舞した。個人の家や職場に識字教室が数多く開かれ、識字率は急速に上昇した。1999年現在の識字率（10歳以上）は91％である。

　言語だけでなくベトナム人の生活や文化も日本人には比較的身近に感じられるが、微妙な違いもあり興味深い。また、90年代以降、日本など海外の影響も強く現れている。

　ベトナム人は、ハノイのような大都会に住む人たちでも、伝統的な風習を大変重んじる。例えば、ベトナムの人々の生活にとって最も大きなお祭りはテト（旧正月）であるが、テトには1週間ぐらい職場が休みとなり、日ごろ離れて生活している家族も集まり、正月料理、家の飾りつけ、初詣で、年始回りなど、伝統的なやり方で念入りに祝い多幸を祈る。お盆（中元節）なども伝統的なしきたりに従い祖先を供養する。また、結婚式や葬式なども複雑な風習に従う。結婚式の日取りなども占い師の意見に従って決め、予定を1年延ばすなどといったこともある。葬儀では例えば入棺の

日時なども占い師に相談する。葬式の後の過ごし方なども古くからの習慣に従い、例えば、テトの年始回り、結婚式への出席等も控える。また、家を建てるときも、家の方角や時期などを風水師に相談する。ベトナムでいちばん多いのは仏教徒であるが、ベトナムの人々の生活にいちばん影響を持っているのは儒教・仏教・道教が混合した民間信仰（特に、祖先崇拝）であると言われる。年中行事や冠婚葬祭などでの人々の振る舞いもこの民間信仰によるもののようである。祭祀の場所は、チュア（仏寺）、ミエウ（廟）、デンなど種々のものがあるが、そこにお参りするベトナムの人たちの態度は真剣そのものである。

　ベトナムには豊かで水準の高い音楽、踊り、演劇、映画、絵画等の伝統があり、ベトナム戦争時代はそれらがベトナムの人々を勇気づけ、また外国人の心をとらえていた。その時代、ハノイでは外国の音楽が演奏されることはまれで、例えば、歌舞団が演奏する日本の歌は「ソーラン節」と決まっていた。しかし、90年代以降、様相が一変した。日本など海外との関係が深まるとともに、文化の面でもその影響が顕著になっている。筆者が1993年末に17年ぶりでハノイを訪れたとき、書店の店頭にところ狭しと「ドラえもん」が並び、子どもたちはアニメの「ドラえもん」の主題歌を諳んじていた。音楽演奏付きのレストランでは「恋人よ」がベトナム語で歌われていた。また、ミス・コンテストばやりで、大学内でも「ミス○○大学」のコンテストが行われ、優勝者の写真が大学の掲示板に張り出されていた。最近は、歌の生演奏を売り物にする酒場がたくさんあるが、そこでは、「マイ・ウェイ」などアメリカの歌も盛んに歌われている。また、カラオケは、人々の生活に深く入り込み、今やベトナムでも欠かせない社交の場となっている。

3　教育制度

　現在のベトナムの教育制度は、小学校5年、中学校4年、高校3年

の5・4・3制である。小学校の5年間が義務教育となっている。高校を卒業すると、大学や短大（多くは教員養成）、あるいは専門学校に入学できる。近年、中学校・高校の就学者数は増加しているが、他方、経済的な事情で就学できない子どもが多いことや、校舎・教員の不足、地域による格差等、種々の問題を抱えている。

　大学は通常4年〜5年制、医科大学は6年、短大は3年、専門学校は2年である。大学は72校、短大は100校ある（2001年現在）。大学・短大への進学率は同世代の5.2%（1999年）である。大学の学年は8月下旬（新入生は9月上旬）に始まり、6月末に終わる。途中に旧正月の休みが2週間程度ある。

　ドイモイ以降、海外の大学に留学する者も増えている。留学先も旧ソ連や東欧諸国は減り、フランス、アメリカ、日本、オーストラリアなどへの留学が増えている。経済的に豊かな階層では私費で留学する者も少なくない。

4　日本からの留学

　まず、第二次世界大戦時の「南洋学院」について触れておきたい。日本軍の仏領インドシナへの進駐に合わせて、日本政府は「仏領インドシナにおける邦人発展の第一線に活躍すべき優秀なる指導的人材を養成する」目的で、1942年サイゴンに外務省・文部省共管の高等専門学校「南洋学院」（三年制）を開設した。渡航費、衣食住費、教材費等は無償であった。一期生30人、二期生30人、三期生52人がこの地に渡り、ベトナム語、フランス語、地政学・経済地理、農学、商業、熱帯衛生等を学んだ。しかし、戦況の悪化により一期生、二期生は繰り上げ卒業となり現地で召集され、学校も終戦とともに廃校となった。

　また、この時期に、日本・仏印政府間の協定により交換学生として留学した日本人も少数いる。

その後、ベトナム戦争時にも少数の留学生がいたが、統一後はほとんどいなくなった。しかし、ドイモイ以降、日本からの留学が比較的容易になり、留学生の数も増えている。中心はベトナム語習得のための留学で、受け入れ機関としては、ハノイではハノイ国家大学社会人文科学大学、ハノイ外国語大学、ホーチミン市ではホーチミン市国家大学社会人文科学大学等がある。

5 日本への留学

20世紀の初め、多数のベトナム人が留学のために日本を訪れた。民族主義的知識人ファン・ボイ・チャウ（1867—1940）が起したドンズー（東遊）運動によるものである。チャウは、フランスの植民地支配からの解放のためには外国に武器等の軍事的な援助を求める必要があると考え、1905年、当時欧米列強に対抗する勢力となりつつあった日本にやってきた。そして、犬養毅や大隈重信と会い援助を求めたが、軍事的な援助は断られた。独立の回復には軍事的な知識を持った人材の養成が必要であることを悟ったチャウはベトナムの青年たちを日本に呼び寄せる運動を始めた。これがドンズー（東遊）運動で、チャウの呼びかけに応えて約200人のベトナムの青年たちが日本に留学した。しかし、1907年の日仏協約締結後、日本政府はこれらの学生に弾圧を加え始め、1908年学生たちは解散・退去に追い込まれた。チャウも1909年日本を去った。

第二次世界大戦のころにも日本にはベトナムからの留学生がいた。彼らは交換学生、招致学生、奨学金交付学生等として、国際学友会日本語学校や各大学で学んでいた（終戦時、国際学友会には15, 16人のベトナム人学生がいたという）。奨学金交付学生の中には、1942年8月に来日し、国際学友会で日本語を学んだ後、九州大学で農学を学び、京都大学で稲の研究により博士号を取得したルオン・ディン・クア（1920—1975）も含まれている。クアは、博士号取得後、大学の職を捨て、日本人の妻や子どもた

I ベトナムの日本語教育——歴史の流れのなかで——

ちとともに波瀾に満ちた行程を経て1954年、念願のベトナム民主共和国への入国を果たした。以後、農業大学や研究所に勤務し、農業生産の現地指導をするなどベトナムの農業の発展のために献身的に活動し大きな功績を残した。

次に、ベトナム人留学生が注目されたのはベトナム戦争の時代である。1965年までは日本にいるベトナム人留学生は100人以下であったが、66年に120人となり、戦争の激化とともに増え、特に69年以降学部の私費留学生を中心に急増した。71年から72年にかけては358人から561人へと200人以上増えている。74年には741人（学部625人、大学院116人）となりピークを記録した。これは、当時、台湾からの留学生に次いで多い数であった。その91％は私費留学生で、兵役を逃れる目的の者が多かった。

サイゴン政権の崩壊した1975年にはベトナム人留学生は減少に転じ、それ以降、本国の政治体制の変化、送金不能等により学部の私費留学生は激減した。1981年には100人を割って71人（学部13人、大学院58人）となり、82年から91年までの10年間は50人を割った。

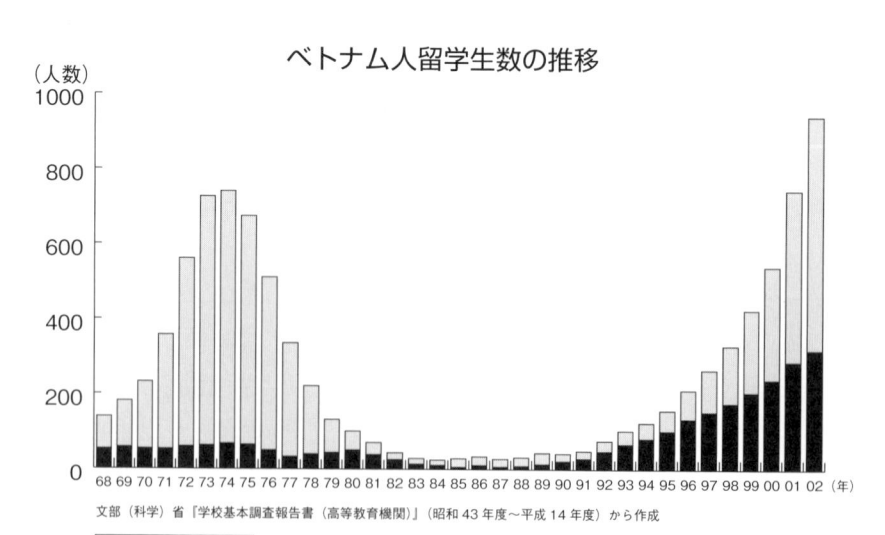

ベトナム人留学生数の推移

文部（科学）省『学校基本調査報告書（高等教育機関）』（昭和43年度〜平成14年度）から作成

国費 ■ 私費

70

ベトナム戦争の推移はベトナム人留学生の人生にも大きな影響を与えた。彼らはほとんど南部出身で経済的にも恵まれた階層にあったが、戦争の拡大に心を痛め、少なからぬ留学生がアメリカの介入を非難しサイゴン政権の打倒を訴える運動を組織・展開した。そのため、運動のリーダーたちはサイゴン政権による旅券の期間延長拒否や帰国入隊命令等の処置を受け、サイゴン政権およびそれにくみする日本政府との闘いを強いられることになった。また、戦争が終結し南北の統一が実現したあとも、ベトナム人留学生には苦難が待っていた。南部の政治・社会状況の変化により留学生の多くは帰国できず、他国へ出たり日本に残留したりした。ただ、困難な状況の中で、祖国とそこに生きる人々のためにあえて帰国した元留学生も少数ながらいる。

長い間低迷していたベトナム人留学生の数は、ドイモイの効果が顕著になった1992年ごろから増加傾向を示し始め、96年には200人を超えた。その後、2000年には前年の425人から540人に、2001年には744人に2002年には941人にと、著しい増加を見せている。私費留学生の数も次第に増え、2002年には66％になっている。

6 ベトナムにおける日本語教育の歴史と現状

6.1 歴史

日本の直接管理期――1942年から1945年まで――

日本軍のインドシナ進駐に伴い日本語学習の需要および教育の必要性が高まった。それは、具体的には、①日本の将兵との商売上の必要、②日本の進出企業への就職・勤務上の必要、③仏印政府官吏の実務処理上の必要、等によるものであった。こうした状況の中で、ハノイやサイゴンでかなりの規模の日本語教育が行われた。

北部での日本側の管理・運営による組織的・本格的な日本語教育は1942年3月ごろ始まった模様である。6月には、大使府の指導の下にハノイ日

Ⅰ　ベトナムの日本語教育——歴史の流れのなかで——

本人会によって日本語講習会が開設された。その後、希望者の増加等に対応するために、1943年4月には北部仏印日本語普及会（本部はハノイ。ハイフォンとフエに支部）へと発展・改組された。この普及会は日本語学校を直接経営するほか、日本語教員の指導連絡、日本語教育関係資料の作成・頒布等を行った。小学校や華僑の学校の施設を借り、夜間と昼間、講習会が開かれた。南部での日本側の管理・運営による組織的・本格的な日本語教育は1942年4月、サイゴン・チョロン地区で軍宣伝部によって始まった。その後、日本語学校の数も増加し、43年4月には南部仏印日本語普及会（本部はサイゴン。チョロンとプノンペンに支部）が組織された。この普及会は、北部と違って日本語学校を直接経営することはせず、日本語学校の指導連絡を主に行った。受講者はベトナム全体で2000人を超え（43年時点）、中国人（華僑）やフランス人も含まれていた。

自立蓄積期——1950年代末から70年代末まで——

北部では、1962年から70年にかけてハノイの貿易大学で3回にわたって日本語講座が開設された。戦後最初の日本語講座は1962年1月開講された。1960年創立のこの大学は、当時は貿易省所管の大学で（現在は教育養成省所管）、貿易部門の幹部を養成することを目的としていた。日本語講座の開設も日越貿易の進展のために貿易部門の幹部に日本語を教授することを主たる目的としていたが、当時は北部で唯一の日本語講座であったために、貿易部門に限らず、さまざまな部門から中国語のできる幹部20人が集められ、3年半にわたって教育が行われた。ついで、65年から68年までの3年間は中国語の学習経験のない者26人に、さらに、68年から70年までの3年間は各機関に配属されたばかりの若い幹部22人に日本語教育が行われた。教材としては、北京大学の教科書や経済関係の新聞記事等が使用された。

また、この時期には、北朝鮮やソ連へ日本語の習得のために留学生を派遣し、帰国後各機関で日本語の使える幹部として任務に就かせるということも行われた。

I—4　ベトナム日本語教育史および日越留学交流史のためのノート

　1972年9月、後に貿易大学で最初の正規の日本語コースに所属することになる学生たちが入学した。彼らは入学はしたものの、爆撃を避けるためにハノイ西南60キロのホアビンへ疎開を余儀なくされた。疎開先では、貿易業務の学習、政治学習、労働（農作業）、軍事訓練等を行った。73年になって和平協定が締結されたあと、正規の日本語コースの授業が開始された。当時、貿易大学は、通訳コースと業務コースに分かれ、通訳コースはさらに、英語、フランス語、日本語、中国語、ロシア語のコースに分かれていた。日本語通訳コースの学生は、大部分の時間を日本語の学習に費やし、そのほかに貿易業務等を学ぶ、というシステムになっていた。言語の選択に当たっては本人の希望も考慮されたが、当時の若い学生にとっては日本語はなじみがなく、積極的に日本語の学習を望む者は少なくて、多くは第二志望、ないしは大学からの指示で日本語コースに組み入れられたようだ。日本語コースの第一期生は20人弱、その大部分は20歳前であったが、入学以前に軍務に就いていた者や政府機関で働いていた者も数名含まれていた。

　1973年、貿易大学に筆者ら日本人の教員が着任し、またベトナム人教員も増員されると、前記の通訳コースのほかに、60年代に貿易大学あるいは外国（北朝鮮など）の大学で日本語を学んだ人たちを再教育するための「補強コース」や、日本語を初歩から学ぶために各機関から派遣されてきた人たちのための、2年間の「短期集中コース」が開設された。教材は、初級段階では、国際学友会日本語学校編集の教材を参考にしながら、ベトナムの実情に合わせて、日本人教員とベトナム人教員（日本軍の仏印進駐時代に日本語教育を受けた者や60年代に貿易大学で教育を受けた者）が協同で執筆・作成していった。学習法としては暗記が推奨されていた。通訳コースで取られた方法はいわゆるオーディオリンガル法であったが、意欲にあふれた若い学生たちの集まっていたこのコースの場合、一部の例外を除き、進歩は目覚しかった。中級段階以降は、日本の書物や新聞、雑誌等から取ったものを教材化した。83年までにこの通訳コースを修了した

者は約200人になるという。また、ハノイ外国語大学でも73年から日本語教育が始まった。

　70年代当時、物資はあらゆる面で不足していた。貿易大学も校舎は細長い掘建て小屋が数棟あるだけだった。ベトナム人の日本語教員は、連日、北ベトナムに一つしかないという邦文タイプを駆使して日本語教材を作成・印刷していった。紙も不足し、またその質も悪かった。目が粗いために印刷した文字も鮮明でなかった。学生たちは全員大学構内の寮で生活していたが、食糧も十分ではなかった。しかし、物質的には困難があったが、教育の中身は充実していたと思う。献身的なベトナム人教員とそれを支える日本人教員がいた。学生たちの状況にふさわしい内容の教材があった。何よりも大学全体が教育効果を上げるために全力で取り組んでいた。学生たちは授業料は無料で、食費等の生活費さえ支給されていた。学生たちは実に明るく、また熱心に勉学に取り組み、大学の期待に応えようとしていた。

　南部では、1957年にサイゴン大学現代語センターで日本語講座が開設され、75年のサイゴン陥落まで、国際学友会編集の教科書などを使って教育が行われた。また、サイゴンの日本大使館広報文化センターでも1972年に日本語講座が開設されたが、75年に閉鎖された。

　後退期――1970年代末から80年代末まで――

　1978年末のカンボジア進攻は日本との経済・貿易関係を大きく後退させ、その結果、ベトナムにおける日本語教育にも大きな打撃を与えることになった。

　貿易大学では、新入生の受け入れを停止するなど、日本語コースの縮小を余儀なくされた。日本語教員の中には、将来に不安を感じ転職した者もいたが、残った教員たちは、「補強コース」等で教育に当たるとともに、教科書や辞書の編集に力を注いだ。ハノイ外国語大学でも1979年から10年間日本語教育は停止された。

　復興・発展期――1980年代末以降――

　1986年12月以降のドイモイ路線は、日本との経済・貿易関係を大きく

進展させることになった。その結果、日本語教育も 10 年近い「後退期」を脱し、「復興」さらには「発展」の時期を迎えることになる。

　貿易大学では 1987 年から新入生の受け入れが再開された。日本語の学習希望者は多く、92 年には、1 年生から 5 年生までの日本語学習者は 230 人で、9 クラスが開設されていたという。ハノイ外国語大学でも 1989 年に日本語教育が再開された。ハノイ外国語師範大学（現ハノイ国家大学外国語大学）では 1992 年に、またハノイ総合大学（現ハノイ国家大学社会人文科学大学）では 93 年に、日本語コースが開設された。

　ハノイ以外でも、ホーチミン市総合大学（現ホーチミン市国家大学社会人文科学大学）に 1991 年に、またフエ師範大学には 93 年に、「南学日本語教室」が開設された。いずれも、前述の「南洋学院」で学んだ日本人たちが設立したものである。

　日本との関係の発展ないしはその期待の増加にともなって、80 年代から 90 年代初めにかけて、日本語学校の設立も相次いだ。これらの中には、ベトナム教育養成省の支援のもとに大学の日本語コースを補完する形で設立されたものや、日本の民間団体の支援により設立されたもの、ベトナムの民間人が独自の資金で設立したものなどがある。

　日本語の学習者が増加するにつれ、教員養成の必要性が高まり、1992 年ごろから日本語教員養成講座も開設されるようになった。

　90 年代の後半に入って、不況による日本企業の撤退などにより、日本語学習者の減少という事態も生じたが、2002 年 12 月現在増加傾向にある。

　以上概観したように、ベトナムにおける日本語教育は、そのときどきの政治・経済状況の影響を強く受け多くの困難を抱えながらも、主として日越間の経済・貿易交流での実務的な要求に応えるために、粘り強く行われてきた。

6.2　現状

　ベトナムの大学で日本語教育を行っているのは、国際交流基金日本語国際センター（2000）によると、次のとおりである（1998年現在。カッコ内は学習者数）。

　　ホーチミン市国家大学社会人文科学大学（528）、ハノイ外国語大学（420）、貿易大学（300）、ホーチミン市外国語・情報私立大学（290）、ホーチミン市公私合弁大学（167）、ハノイ国家大学社会人文科学大学（173）、フンブオン私立大学（146）、ハノイ国家大学外国語大学（120）、ホーチミン市技術大学（70）、ハノイ百科大学（60）、ドンド私立大学（60）

　また、現在のベトナムでは日本語学校の果たしている役割が非常に大きく、同じ資料によると、学習者が400人以上いるところが7校あり、1500人を超えるところも2校ある。

　こうした状況の中で、2002年、日本のＯＤＡ（政府開発援助）により、ハノイとホーチミン市に日越人材協力センターが開設され、ここで中・上級の日本語教育のほか、日本語教員の養成も行われるようになった。

　現在のベトナムの、日本語学校を含めた日本語教育機関において特徴的と思われる点を、学習者、教員、教授法、教材という面から見てみると、以下のようなことが浮かび上がる。

学習者——日本語学習の目的は、日本企業などへの就職のため、大学生が第二外国語として習得するため、日本語教員になるため、留学のため、日本で技術研修を受けるため等、多様である。いずれにしても、そのほとんどは実利的なもので学習目的はかなり明確である。国際交流基金の調査によれば、1998年の学習者数は約1万人で1993年の3.3倍となっている。特に、日本語学校での増加が著しい。一つの機関での学習者数の多さもベトナムでの特徴の一つである（ホーチミン市のドンズー日本語学校には2002年12月現在約3,000人の学習者がいる）。

教員——大学でも日本語学校でもそのほとんどはベトナム人教員と日本人教員との協同で日本語教育が行われている。ベトナム人教員のほとんどは

大学の日本語科を卒業した者である。その後日本の大学に留学し修士号を取得した者もいる。日本人教員は、国際交流基金や国際協力事業団から派遣された者のほか、日本の設立母体や提携機関から派遣された者、個人契約による者などがいる。教員の数は学習者の数に比してかなり不足しており、優秀で意欲のあるベトナム人教員をいかに確保するかが大きな課題となっている。

教授法——学習者の実利的な要求に応えるために、実践的な日本語力をつけることが目標とされ、教授法も学習効果・効率が最優先されている。この点は70年代の日本語教育と基本的に変わっていない。いずれの機関でも直接法が志向されてはいるが、効率重視の観点から、部分的にはベトナム語で説明するなど柔軟に対応している。

教材——ベトナムで使用されている教材には、①日本で出版された教科書、②日本で出版された教科書に部分的にベトナム語訳やベトナム語による説明を付けて編集・作成したもの、③日本で出版された教科書・書物等からの抜粋や新たに書き下ろしたもの（会話など）で本文をまとめ、ベトナム語訳やベトナム語による説明を付けて編集・作成したもの、などがある。これらの中で最も一般的なものが②と③で、多くの教材がベトナムで出版されている。これらは限られた人的・物的条件の中で学習効果を高めるための工夫であり、70年代以来の伝統とも言えるものである。しかし、そうした努力にもかかわらず、教材についての教員の悩みは大きい。「学習者の実情に合った教科書がない。特に、中上級の教科書がほしい」というのが多くのベトナム人教員の声である。辞書も不足している。市販のものも出てはいるが、値段が高いことや質的に問題のあることなどから、一般的には普及していない。ベトナムの社会・生活をも視野に入れ、ベトナム語母語話者の日本語学習上の困難点に配慮した教科書や辞書の開発が望まれる。

7　今後に向けて

　現在のベトナムは、かつてのような生活面での不便さもほとんどなく、文化的な魅力に富み、対日感情もよく、日本人には居心地のよい国である。ベトナムを訪れた日本人は1991年には6,000人に満たなかったが2002年には28万人に上っている。これは中国（72万3,000）に次いで多く、アメリカ（26万）、台湾（21万）をしのいでいる。また、2002年に日本を訪れたベトナム人は1万8,000人余りで、6年間で倍近くに増えている。このように多くの人々が互いの国を訪れたことは、かつてなかったことであり、教育・研究面での交流も、70年代、80年代とは比較にならないほど盛んになっている。今後も両国の友好的な関係の中でこうした交流が発展することを期待したい。

　ただ、人々の真の交流が発展するためには、まず、日本人の一人ひとりがベトナムの歴史やベトナムの人々が強いられた苦難について、また、その中で日本が果たしてきた役割について十分に理解していなければならない。そうでなければ、ベトナム社会のありようをベトナムの人々の心にそって理解することは難しいであろう。また、ベトナムの若者たちにも、日本の現実、特に歴代の政権が国民生活にもたらした負の側面を冷静に見つめ、ベトナムの将来を展望する際にそれらを教訓とすることを望みたいと思う。

【参考文献】
〈1〉蘆原英了（1944）「仏印に於ける日本語教育」『日本語』第四巻第八号　日本語教育振興会
〈2〉石黒　修（1943）「日本語教育の新しい出発」『外地・大陸・南方日本語教授実践』国語文化学会編
〈3〉小関藤一郎（1944）「南部仏印に於ける日本語学校の問題」『日本語』第四巻第八号　日本語教育振興会
〈4〉金澤　謹（1973）『思い出すことなど』国際学友会
〈5〉亀山哲三（1996）『南洋学院』芙蓉書房出版
〈6〉川野重任編（1976）『東南アジア留学生の日本選択』アジア経済研究所

I—4 ベトナム日本語教育史および日越留学交流史のためのノート

〈7〉 グエン・バン・ハオ（1995）「ベトナムにおける日本語教育」『世界の日本語教育』第2号　国際交流基金日本語国際センター
〈8〉 桜井由躬雄編（1995）『もっと知りたいベトナム［第2版］』弘文堂
〈9〉 白石昌也（1993）『ベトナム民族運動と日本・アジア』巖南堂書店
〈10〉 関野房夫（1943）「泰国及仏領印度支那に於ける日本語教育の現状（二）」『日本語』第三巻第九号　日本語教育振興会
〈11〉 田中　宏（1973）「激動するアジアと留学生（二）——ベトナム戦争期の記録——」永井道雄他『アジア留学生と日本』日本放送協会
〈12〉 中村信子（2000）『ハノイから吹く風』共同通信社
〈13〉 萩野　剛（2002）「ヴィエトナムへの留学の現状」『留学交流』第14巻第7号　日本国際教育協会
〈14〉 古田元夫（1991）『歴史としてのベトナム戦争』大月書店
〈15〉 古田元夫（1995）『ベトナムの世界史』東京大学出版会
〈16〉 ベトナム留学生支援の会（1970）『破鎖を求める人々——在日ベトナム人留学生の闘い——』
〈17〉 宮原　彬（1999）「ベトナムの日本語教育事情——最近の状況と課題——」『長崎大学留学生センター紀要』第7号
〈18〉 石井米雄監修（1999）『ベトナムの事典』同朋舎
〈19〉 外務省外交史料館所蔵「本邦ニ於ケル協会及文化団体関係雑件　国際学友会関係」
〈20〉 外務省外交史料館所蔵「本邦国語関係雑件　日本語学校関係」
〈21〉 国際交流基金日本語国際センター（2000）『海外の日本語教育の現状＝日本語教育機関調査・1998年＝』
〈22〉 法務省『出入国管理統計年報』（平成四年〜平成一四年）
〈23〉 文部（科学）省『学校基本調査報告書（高等教育機関）』（昭和三七年度〜平成一四年度）
〈24〉 HO CHI MINH TOAN TAP 4　1945 - 1946 (1995) NHA XUAT BAN CHINH TRI QUOC GIA
〈25〉 NIEN GIAM THONG KE 2002 (2003) NHA XUAT BAN THONG KE
〈26〉 TONG DIEU TRA DAN SO VA NHA O VIETNAM 1999 (2001) NHA XUAT BAN THONG KE

1962年から1970年にかけての貿易大学での日本語講座については、前日本語部門主任チャン・ソン氏のご教示による。

（鹿島英一編著『大学生のための短期留学——オセアニア・アジア・中東——』(2004.4.15)〈風間書房〉所収。原題「第5章　ベトナム」。本書への収録に当たり、若干の修正を行った）

II

ベトナム語母語話者の傾向と方策

Ⅱ　ベトナム語母語話者の傾向と方策

Ⅱ—1　学習者の作文から見たベトナム語母語話者の日本語学習上の困難点 [1)]
　　——学習者の実情に合った教材の作成をめざして——

1　はじめに——教材作成と学習者の誤用——

　市販の教材（初級から上級まで）をその成り立ちから見てみると、①特定の日本語教育機関がその機関の学習者のために作成したもの、②特定の日本語教育機関の学習者ではなく、その学習段階にある学習者一般を念頭に置いて作成したもの、に分類できる。①は、通常、その機関での試用・改訂を経てまとめられており、その機関の実践の蓄積が反映されている。②は、作成者ないしは作成者グループ個々人の経験や研究に依拠している。それらの教材を自身の日本語教育機関で使用しようとすると、①は、実践的な裏づけがあるだけに説得力があるが、そこでの前提（学習目的など）が自身の機関や学習者の状況と合わず扱いにくい面がある。②は、どの機関でも扱いやすいが、実践的蓄積という面では必ずしも十分ではなく、自身の学習者との関係では、物足りなさ、ないしは"浅さ"を感じるのが普通である。

　筆者は、経験・蓄積を重んじる立場から①のタイプの教材を好むが、いずれにしても、自身の機関で使うときには問題が多い。その問題とは、初級の教材を中心に言えば、例えば、①文法項目の扱い（文型とその提出順序、文例など）が学習者の実情に合っていない、②会話や例文の場面、使用されている語句が学習者の実情に合っていない、③学習者の学習困難点への配慮が十分ではない、④学習者の日本語学習上の利点が考慮されていない、等々である。特に、日本以外の地域の特定の機関で使用する場合、それらが強く表れる。

　例えば、④について言えば、ベトナム語母語話者に教える場合、漢語を

Ⅱ―1　学習者の作文から見たベトナム語母語話者の日本語学習上の困難点

漢越語との対比で学習させることは学習者の興味を引くとともに、日本語の学習を容易にする。また、③について言えば、ベトナム語母語話者に一般的な誤用（ベトナム語母語話者に特有の誤用を含む）について、教材で配慮がなされていれば、学習者の理解が促進されるであろう。

　効率的な日本語教育を実現するには、その機関の日本語教育の到達目標や時間数、学習者の実情等に合った教材の作成がどうしても必要となる。それは、少なくとも上記の①②③④について十分な配慮がなされた教材である。本稿では、そのような認識に立って、上記③の「学習者の学習困難点」の全体像を明らかにするための基礎的な作業として、ベトナム語母語話者に一般的に見られる誤用を取り上げる。

2　誤用の性格――「特に配慮が必要な誤用」――

　学習者の作文には、"うっかりミス"から文構造・文脈上の問題まで、さまざまな誤用が現れる。そうした誤用が現れる原因は必ずしも明らかではないが、経験的に言えば、多くの場合、①既習事項間の混同、位置づけ（異同）のあいまいさ、②既習事項からの類推、③母語からの類推・連想、等が複合して現れるように思う。そうした誤用の中で、教材を作成する上で特に配慮が必要な誤用として筆者が考えるのは、①学習者が熟考してもなお現れるもの、②かなりの学習者に一般的に現れるもの、③教師による一定の説明が必要なもの（通常の教科書でははっきりした形では示されていないもの）、である（例えば、「暑いでした」「きれかったです」「大きいの机」「安いだと思います」といった類の誤用は、教科書の中に正しい形がはっきりと示されているのが普通であり、筆者は「特に配慮が必要な誤用」とは考えない）。

Ⅱ　ベトナム語母語話者の傾向と方策

3　ベトナム語母語話者に一般的な誤用

　上記2で述べたような意味で教材作成の際に配慮が必要と思われるベトナム語母語話者に一般的な誤用を、貿易大学ビジネス日本語コースの学生の作文、および国立国語研究所（2001）のベトナム語母語話者の部分から探ると、次のとおり分類できる。

　3.1　類似表現にかかわるもの
　　3.1.1　名詞にかかわるもの
　　3.1.2　動詞・形容詞にかかわるもの
　　3.1.3　助詞・助詞相当語句にかかわるもの
　　3.1.4　副詞にかかわるもの
　　3.1.5　接続の語句にかかわるもの
　　3.1.6　文脈の中での指示詞「こ・そ・あ」にかかわるもの
　3.2　漢語（漢語的な語句を含む）の使用にかかわるもの
　　3.2.1　日本語では現在ほとんど使われない語句の使用
　　3.2.2　日本語でも使われるが意味・用法の異なる語句の使用
　　3.2.3　日本語にも同様の用法があるがその文では不適当な使用
　　3.2.4　不適切な形態での語句の使用
　3.3　語句の構成ないしは語順にかかわるもの
　3.4　語句の呼応にかかわるもの
　3.5　主述（ないしは、文頭と文末）の呼応にかかわるもの
　3.6　文末の疑問表現にかかわるもの
　3.7　時間（テンス・アスペクト）にかかわるもの
　　3.7.1　過去の状態・できごとにかかわるもの
　　3.7.2　習慣的なことがら（繰り返される行動・できごと。主語が複数の場合を含む）にかかわるもの
　　3.7.3　行動・できごとの進行にかかわるもの

Ⅱ—1　学習者の作文から見たベトナム語母語話者の日本語学習上の困難点

3.7.4　行動・できごとの完了、および、結果の存在にかかわるもの

　以下、上記の項目にそって誤用の具体例を示すとともに、それらに関する筆者の捉え方を簡単に述べる。
（文例末尾の〈1〉は貿易大学ビジネス日本語コース1年生の作文から、〈2〉は同2年生の作文から、〈k〉は国立国語研究所（2001）のベトナム語母語話者の部分から採ったことを示す。いずれも原文のママ。下線は当該誤用の中心的な部分を示す。なお、貿易大学生の作文はすべて2008年4月～5月に書かれたものである）

3.1　類似表現にかかわるもの

　類義語・類似表現は誤用の中心的な部分であり、いずれの誤用も類似表現とかかわっていると考えられるが、以下、狭い意味の類似表現にかかわる誤用例を品詞別に見てみる。

3.1.1　名詞にかかわるもの

（1）村の中におかしや提灯を作る試験も開かれています。〈k〉
（2）スーパーの物価は市場の物価より高いと言われますが、でも消費者にとって品物は一番大切なものではないだろうか。〈2〉
（3）ハノイには学生たちは勉強するかたわら、アルバイトをした。価格が高くなる一方だから、アルバイトをしなければならないのだろうか。〈2〉

　（1）の「試験」は「コンテスト」の意味で使われている。ベトナム語母語話者にしばしば見られる誤用である。ベトナム語の"thi"に両方の意味があるためである。（2）は「値段」の意味で、（3）は「物価」の意味で使われている。「値段」「価格」「代金」「料金」「物価」等の用法の違いはいずれの母語話者にも難しいが、特に、「物価」（特定の地域の全般的な商品の値段）はとらえにくいようで、誤用が目立つ。

Ⅱ　ベトナム語母語話者の傾向と方策

（４）ステージに出ると、何千人ものかんかくが私に向く<u>こと</u>が見え、「タオさんすてき」、「すてき」と言う叫び声が聞こえる。〈２〉
（５）この経済構造は戦争の時期しか適しなかった。その時、政府は「それは大きいミスです。我々のミスは集中経済構造をずっと長い時間続けた<u>の</u>です」と認めた。〈２〉
（６）2006年、ある事件は教室の中で生徒は試験を受けるうちに外で<u>人たち</u>が解答した。そしてした解答は秘密に教室へ持った。〈２〉

　（４）の「こと」は「の」の誤用、（５）の「の」は「こと」の誤用である。連体修飾節を導く「こと」と「の」の用法の違いについては多くの議論がなされており[2)]、それを日本語教育の現場で学習者に説得力をもって示すのはかなり難しいが、（４）（５）のような、使用が限定される場合については学習者にきちんと示しておく必要がある。連体修飾節を導く「こと」は「見る」「見える」の対象を示す場合は使用できず、また、「の」は文末では連体修飾節を導く「こと」と同様には使うことができない。
　（６）は「人たち」という語句そのものの持つ性格から来る一般的な誤用である。「人たち」は何らかの修飾語句（「日本語を学ぶ人たち」「バイクに乗る人たち」など）なしには使えない。この場合、「人たち」は、例えば、「何人か」「数人」などに替える必要がある。

3.1.2　動詞・形容詞にかかわるもの

（７）名前がわからないさかながたくさんありました。みんなはとてもきれいでかわいいでした。わたしは貝がいちばん<u>好きでした</u>。それはしろい貝でした。玉のように美しいでした。そこでいろいろな魚類の産品を売りました。〈１〉
（８）今では、人々は英語だけでなく、日本語を勉強することが好きである。ベトナムでは、日本語学習者の数が多くなった。たくさんの大学で、日本語は学生たちに習われている。なぜ、日本語学習者が増えているか。〈２〉

Ⅱ—1　学習者の作文から見たベトナム語母語話者の日本語学習上の困難点

（7）は「気に入った」、（8）は「～たがる」の意味で使われている。これはベトナム語母語話者にしばしば見られる誤用である（中国語母語話者にも見られる）が、ベトナム語の"thích"の用法の広さ（好き、気に入る、～たい、～たがる、etc.）に原因がある。「好き」は継続的、習慣的なことがらについて使う。また、「好き」で希望を表すことはできない。

（9）また自分で究明したり、研究したり、いろいろな本を読んだりするので、たくさんの漢字を覚えるべきだ。それで、留学をする前に、<u>上手に</u>日本語を勉強しなければならない。〈2〉

（9）は、日本語母語話者なら、「日本語の勉強の仕方を工夫して効率的に勉強しなければならない」という意味に理解するであろうが、執筆者の意図はおそらくそうではない。「日本語がもっとよくできるようにならなければならない」「日本語の成績を上げなければならない」といった意図であろうと思われる。この「上手」もベトナム語母語話者にしばしば見られる誤用である（中国語母語話者にも見られる）。ベトナム語の"giỏi"は用法が広い（上手、得意、よくできる、成績がいい、etc.）が、日本語の「上手」は練習により習得できる技術的なものについてのみ使える。したがって、「歌が上手」「料理が上手」「日本語が上手」（「話すのが上手」の意味）とは言えても、「数学が上手」「上手な学生」とは言えない（「数学が得意」「よくできる（成績のいい）学生」などと言う）。

（10）今ベトナムと日本のけいざいかんけいははやくはってんする。ですから、けいざいについて仕事がたくさんある。ほうえき大学を卒業して、<u>べんりだ</u>。〈1〉
（11）きっぷ売り場に映画がたくさんしょうかいしてあった。面白いので、何でも見たかった。やっと<u>おかしい</u>映画をえらんだ。〈1〉
（12）彼女（マリー・キュリー［筆者注］）は貧しい家族の中で生まれ、育っていたから、生活のために、自分で働いていた。結婚の後でも、研究を続けながら夫と

Ⅱ　ベトナム語母語話者の傾向と方策

　　　　子供たちをよくお世話するために、彼女はもっとまじめに働いていた。〈2〉
(13)　毎日、わたしはバスの中から、多い交通の問題が見られます。バイクの数が多すぎます。〈1〉

　(10)は「都合がいい」の意味で使われている。ベトナム語母語話者には「便利」をこのように広く使う傾向がある。母語（"tiện lợi" "thuận tiện"）の影響と思われる。(11)は「おもしろい」の意味で使われている（このケースでは正しくは「おもしろそうな」）。この誤用もときどき見られる。
　(12)(13)は日本語学習者に一般的な誤用だが、ベトナム語母語話者にもよく見られる。
　(12)は「一生懸命」とでもすべきであろう。目上と思われる人間について「まじめ」は使えない（学習者はよく「まじめな先生」などと書く）。(13)は「多くの」としなければならない。「多い」はそれだけでは名詞を修飾することができない。必ず「（バイク）の多い（道）」の形をとる。

(14)　それで車は速いスピードでさかをすべった。すごくおそれたが、面白かった。
　　　ある人はあまりおそれたから、すべったり、わめいたりした。〈1〉

　(14)は「こわかった」の意味で使われている。ベトナム語母語話者は「こわい（こわかった）」の意味で「おそれる（おそれた）」をよく使う。

(15)　何度もみんぞく学はくぶつ館へ行ったことがあります。でも、トゥーレ動物園へ行くのは初めてでした。トゥーレ動物園でいろいろな動物が見えました。〈1〉
(16)　オートバイのうんてんはヘルメットをかぶならなければなりませんが、ときどきヘルメットをかぶらないうんてんが見えます。しんごうをまもらない人も多いです。〈1〉

　(15)は「（いろいろな動物を）見ました」、あるいは、「（動物園にはいろ

II―1　学習者の作文から見たベトナム語母語話者の日本語学習上の困難点

いろな動物が)いました」とでもする必要がある。(16)は「見られます」、あるいは、「(運転を)見かけます」とでもすべきであろう。「見える」は「自然に目に入る」「見ることができる」の意味、「見られる」は「見る機会がある」「見ることが許される」の意味、と説明されるのが普通だ[3]が、学習者にはこの判断は非常に難しい[4]。典型的な例文を多く示すことが必要であろう。

(17) わたしの子供の間のゆめは日本へ来ることです。それでわたしはぼうえき大学に入りました。日本語の勉強をするために日本のかいしゃでつとめたいです。〈1〉
(18) 私はひまな時、たいてい家にいることが好きだが、ときどき公園へ行くこともある。その時に、私は一人で行くことが好きだ。たいてい来るのは百草公園だ。〈1〉
(19) ここにベトナムのでんとう的に物がたくさん売られます。にん形やノンや絵などがあります。外国人がベトナムへ旅行に行く時この物を買いたいです。〈1〉

(17)は「行く」、(18)も「行く」、(19)は「来た」でなければならない。「行く」「来る」は、ベトナム語母語話者の場合、母語との関係もあって[5]、学習がかなり難しいようだ。上のような、日本語母語話者には原因の量りかねる誤用が多い。「行く」「来る」の基本的な違いを視点の問題としてきちんと把握させる指導が必要である。

(20) 統計の結果によると、これまで、ベトナムで日本語学習の数が30000人以上いる。ほかには、たくさんベトナム人は日本で生きたり、勉強したり、つとめたりしている。〈2〉
(21) ＤＬさんが困っているのを知って、すぐ妻のところに行って、そう言う「学生の時私はＤＬと言う一人のしたしい友だちがいる。喜びも憂いも一緒に過ごそうと言った。でも今私はとてもいい境遇で住んでいるがＤＬさんは貧しいに住んでいるよ。安心できない。あなたは彼手伝ってくれ。」〈2〉

Ⅱ　ベトナム語母語話者の傾向と方策

(20)は「生活したり」、(21)は「暮らしている」としなければならない。ベトナム語母語話者に限らないが、「生きる」「住む」「暮らす」「生活する」「過ごす」などの使い分けは学習者にはかなり難しい。ベトナム語母語話者の場合、多くは"sóng"で表せるからであろう。典型的な文例でその特徴を示しておく必要がある。

(22) どんな日でもバスで大学へ行きます。とても便利です。ちょっど45分だけかかります。でも、授業に間に合えないことがたくさんあります。気持ちが悪いです。〈1〉

(22)は「間に合わない」としなければならない。動詞の中には可能形を持たないものがあり、時に誤用が現れる（よくある例としては、「分かる」を「分かれる」とする、など）。

3.1.3　助詞・助詞相当語句にかかわるもの

(23) 交通事故はひどいです。毎年ベトナムで一万人以上の人は交通事故で死亡したそうです。〈1〉

(24) 交通はハノイでは大きな問題です。じゅうたいや交通じこなどがたくさんあります。しんぶんやテレビでもよくほうどうされています。バイクのかずが多すぎることは一ばん大きな問題です。〈1〉

(25) ちかごろ交通はとても大変だ。特にはハノイの交通の問題だ。生活はよくなると、オートバイがある人のかずはだんだん多すぎる。交通のためのとちのめせきはまだ少しだ。〈1〉

(26) あぶないと知っても、かぶりません。なぜ？　理由がたくさんあります。不便と言う人がいます。それから、若い女の人はヘルメットがかみのスタイルをこわれると言います。〈1〉

(27) このような「日本語学習者が増えている」にはさまざまな原因が考えられるが、第一の原因として、ベトナム人学生たちは日本に留学をする傾向があることが

Ⅱ—1　学習者の作文から見たベトナム語母語話者の日本語学習上の困難点

挙げられる。〈2〉

　(23)(24)(25)は「が」、(26)は「は」、(27)は「が」としなければならない。「が」と「は」の使い分けに習熟させることは、朝鮮語母語話者などを除き、かなり難しい。教師としても、一般的な説明はできても、個々の具体的な文例について「が」または「は」の選択の根拠を学習者に示すのに困難を感じることが少なくない。しかし、かなり明確にその理由や法則性を説明できる場合もある。(23)～(27)はそうしたものの一部であるように思う。(23)は、初めての数値が文の主語として現れている。このような場合、その数値は当然新しい情報であり、それを受ける助詞は「が」となる。(24)は、後ろに「いちばん～」が来る場合は通常「～がいちばん～」の形をとると説明できる。(25)は、従属節の主語（「生活」）の述語が「なる」で主節の述語とは関係がないので、「が」としなければならない。(26)は、前の文の「なぜ？」によって「理由」が話題になっていることが既に示されているので、「理由は」とする。(27)は、連体修飾節の主語を示しているので、「が」を使う。

(28) 毎年、日本語能力試験は日本全国と同時に世界に 45国の136都市でかいさいされる。〈2〉
(29) 日本で学習と生活のために、日本語能力試験2級にならなければならない。〈2〉
(30) ベトナムの宗教は主に仏教だ。毎月、陰暦の1日と15日に国民たちはお菓子や果物や花などを買って、祖先にそなえている。それは大昔からベトナムの伝統的な習慣である。〈2〉

　(28)は「の」、(29)は「での」、(30)は「からの」としなければならない。これらは日本語学習者に一般的に見られる誤用である。これらの例のように、学習者は「に」「で」「から」といった一つの助詞だけで前後の名詞間の関係を示そうとする（例えば、「私はベトナムから留学生です」などは、

Ⅱ　ベトナム語母語話者の傾向と方策

日本でよく耳にする誤用である)。(28)は「世界に」で「世界にある」の意味を、(29)は「日本で」で「日本で行う」の意味を、(30)は「大昔から」で「大昔からある」の意味を表そうとしている。それぞれの母語の影響もあると思われる。「「に」を使うときは、後ろに動詞が来なければならない」などの説明が必要である。

(31) ベトナムは農業の国なので、ハノイは豊かな首都になる前に、小さな村だったのである。今まで<u>も</u>、ハノイはたくさんの農村に囲まれている。〈2〉
(32) 私たちは一緒に遊んで、おそく<u>まで</u>家へ帰りました。〈2〉

(31)は「(今)でも」、(32)は「(おそく)なって」としなければならない。(31)は日本語学習者に一般的な誤用である。(32)はベトナム語母語話者によく見られる。母語の影響があるかもしれない。

(33) ベトナム人<u>に対して</u>テトはとても深いいみがあります。〈k〉
(34) 交通事故<u>に対して</u>、あるさびしい話は人民の中に伝わられる。それは、研究してベトナムに交通の対策を出してあげるため、ベトナムに来た外国の専門家についての話である。〈2〉

(33)は「にとって」、(34)は「について」としなければならない。この種の誤用は、中国語母語話者などと同様、ベトナム語母語話者にしばしば見られる。母語("đối với")の影響が大きいようだ。「にとって」「に対して」「について」の基本的かつ典型的な文例を数多く学習者に示す必要がある。

(35) 日本語学習者が上がるのは、日本が世界の経済と政治の中で上位を占めていることや、ベトナムに対して、日本は一番のえんじょ<u>と</u>こきゃくなどが原因であろう。〈2〉

(35)は「(援助国)であり、(顧客であること)」とする必要がある。これは日本語学習者に一般的に見られる誤用である。このような誤用が出てきた場合には、「安くて、おいしい」「静かで、きれい」「革命家で／であり、詩人だ／である」等の文例でまとめて確認するのがよいと思う。
（助詞「も」については、「ベトナム語母語話者に特有の誤用」として４．１で扱う）

3.1.4　副詞にかかわるもの

(36) 両親ははじめて、許可ではなかった。だんだん、わたしの熱心を気づいて、「がんばって」とじょげんしました。友達も「がんばろう、わたしたちも日本の料理が大好だ」と言いました。ちょうりしになることはとってもよろこびです。わたしはぜひあきらめない。〈1〉

(37) そのはくぶつ館で私は外国人におおぜいあいました。中国人やはん国人や日本人などがいました。しかし、ベトナム人が少しいました。〈1〉

(38) 私は去年の９月に、ほうえき大学に入学しました。はじめて、日本でまんが読みたったです。ちょうとかけるから、ときどきまんがになりたいです。しゅうみは毎日代わります。〈1〉

(36)(37)(38)はいずれも日本語学習者に一般的な誤用である。(36)は「決して」、あるいは、「絶対に」としなければならない。「ぜひ」は希望・願望を表すときに使う。(37)は「(ベトナム人は)少ししか(いませんでした)」あるいは「(ベトナム人は)あまり(いませんでした)」とする。「少し(いる)」で否定的な意味(「いない」)を表すことはできない。(38)は「初めは」としなければならない。「初めて」は常に「初めて〜(する)」の形となる。学習者は「初めは」「初めに」「初めて」をよく混同する。典型的な文例で対比して示す必要がある。

（副詞「特に」については、「ベトナム語母語話者に特有の誤用」として４．２で扱う）

Ⅱ　ベトナム語母語話者の傾向と方策

3.1.5　接続の語句にかかわるもの

(39) 今は4月だ。それから一年の学生はもうすぐ終わる。〈1〉
(40) 私のいなかはベトナムの北部にあります。それからテトになると、天気は寒くなります。〈k〉

(39)(40)は「から」を理由と捉え、「それ」と結び付けて「だから」の意味で使っている。ベトナム語母語話者にときおり見られる誤用である。母語の影響（"do đó""vì vậy"など）もあるかもしれない。

(41) 初めは日本語は一字も分かりませんが、だんだんひら名とかた名を書けます。テストがたくさんあります。それに、日本語はとても難しいので、わたしは学校とうちでしっかり勉強します。〈1〉
(42) 大学を卒業の後で、日本へりゅう学に行こうと思います。日本ではくしになりたいです。それに、日本の文化を研究するのは子供のゆめです。その予定をじつげんするためにもっと勉強しなければなりません。〈1〉

(41)(42)は、いずれも「それに」の前後の対応関係がはっきりせず、日本語母語話者には奇妙に感じられる。「それに」を削除すれば、前後の文はより自然になる。母語の影響（"hơn nữa"など）もあってか、このような誤用はベトナム語母語話者によく見られる（「それに」が初級の教科書の比較的早い段階で出てくることも影響しているかもしれない）。「それに」は「あくまでも前文を踏まえて後文で追加する」（市川（2000）p.106）場合に使う。「それに」に限らないが、「不要な接続詞は使わない」という指導も必要である。

(43) 日本とベトナムのけいざいかんけいのはってんのために仕事をしたいです。その上、せかいとベトナムのけいざいかんけいのために仕事をしたいです。それはむずかそうです。でもわたしはいつもがんばります。たくさんの国へ行くた

94

Ⅱ─1　学習者の作文から見たベトナム語母語話者の日本語学習上の困難点

めに、じょうずに勉強します。〈1〉

(44) でも一年中女性の日は一日しかないですがあとは全部男の日なので、かわいい女性のためにちょっとがまんするのがいいではないだろうか。その上女性は世界の大変必要な分だと言われているからです。〈k〉

(43)は「その上」を「また」とするか、「その上」をとり「世界とベトナムの経済関係のためにも」とする必要がある。(44)は「その上」をとるだけでよい。「その上」は、「単なる追加ではなく、ダメ押し的に、敢えて付け加えるという強調的な意味合いがある」「前文・後文とも意志・願望などを表す表現、および、話し手の判断を表すときには、あまり使われない」(市川 (2000) p.76)。ベトナム語母語話者は「その上」の誤用が目立つ。母語の影響（"hơn nữa" など）もあるように思う。

(45) 私はバスに乗ったことがありません。ところが、私のよくバスにのっている友達のチーさんによるとバスにのることも危険だそうです。歩道に近い所に止まらないことがよくあるそうです。お客は降りるとき、バイクにひかれやすいです。〈1〉

(45)は「(ありません)が、」とするのがよいだろう。「ところが」には「意外だ」「驚いた」といったニュアンスが含まれていて、「しかし」と同様には使えない。これは日本語学習者に一般的な誤用である。

(46) でも、わたしの専門は日本語です。その他、えい語も勉強しています。それに、ほかの予定がたくさんあります。三年が来てから、銀行の専門を勉強するつもりです。げんざい、この専門はいろいろな仕事にてきとうです。ですから、この専門を勉強して、わたしは早く仕事をさがせると思います。〈1〉

(47) もし、学生は午前大学に行き、午後アルバイトをして、夜は疲れてしまって、眠くて、べんきょうなんかしたくない。それで、当たり前、学習は悪い影響を

受ける。アルバイトしたばかりに、成績がよくなくなった場合がたくさんあったそうである。〈2〉

(46)は「(勉強し)たら」、(47)は「(アルバイトをし)たら」といった条件表現にする必要がある。日本語学習者に一般的なことであるが、中級以降の段階になると、「て」形を使って一つの文を長く続けていくという傾向が現れる。「前提となることがらと判断的なことがらを「て」形を使って続けて書いてはいけない」「直接関連のないことがらを「て」形で結び付けてはいけない」等の指導が必要である。

3.1.6　文脈の中での指示詞「こ・そ・あ」にかかわるもの

(48) 今午前中勉強します。しかし、3日と4日一日じゅう勉強します。あの日、いつもうちへ遅く帰ります。〈1〉

(49) 毎晩2時間ぐらい日本語の勉強をしています。試験があったら、夜寝ないで勉強します。ちょっと心配です。あの大学でわたしは日本語だけでなく、せいじやけいざいやてつ学やコンピューターなどを勉強しています。〈1〉

(48)は「その(日)」、(49)は「この(大学)」としなければならない。文脈指示の「あの」「あれ」「あそこ」等の「あ」系は、そのことがらについて読み手(聞き手)も承知している場合や過去のことを想起する場合に使う。「そ」系(時に「こ」系)の代わりに「あ」系を使うのは日本語学習者に一般的に見られる誤用である。

3.2　漢語(漢語的な語句を含む)の使用にかかわるもの

漢語の学習はベトナム語母語話者にとってはそれほど困難なものではない。それは、ベトナム語の語彙の中に多くの(70％近いとも言われる)漢越語が含まれており、それらとの間に、発音の法則性、意味の類似性があるからである。しかし、当然のことながら、意味や用法の面で違いもあり、

Ⅱ―1　学習者の作文から見たベトナム語母語話者の日本語学習上の困難点

そのため、誤用が生じることも少なくない。

3.2.1　日本語では現在ほとんど使われない語句の使用

(50) 花むこの家庭はいろいろな<u>礼物</u>をもっていかなければなりません。〈k〉
(51) 外国では、子供が寝る前に、<u>古跡</u>話を話す習慣があるが、ベトナムでは、きんまを食べながら、ゆっくりで、感触の伝えて話している。〈2〉
(52) 自国は多くの戦争の被害を受けた国である。歴史の中で、一番ひどい事件は、1945年に、2百万の人が餓死したことは一つの<u>明証</u>である。〈2〉

(50)は「贈り物」「供え物」、(51)は「伝説」「昔話」、(52)は「明らかな証拠」の意味で使っている。いずれも漢越語（"lễ vật" "cổ tích" "minh chứng"）をそのまま漢字に置き替えたものであるが、日本語では現在ほとんど使われていない。

3.2.2　日本語でも使われるが意味・用法の異なる語句の使用

(53) わたしたちはそこに2日にいます。そこで住んでいる人のせいかつをよく知ってなりました。びっくりのことを見ました。これは忘れられない<u>記念</u>でした。〈2〉
(54) 第一、ベトナムの交通の物質のシステムはまだ低い程度からである。道は狭すぎて、<u>質量</u>が悪くて、でこぼこである。〈2〉
(55) 例えば、政治についての話は、承知する人は未知する人より法螺を吹きやすい。基本的な情報を証拠として挙げる以外に、彼らの自分の<u>可能</u>は人々に驚かせることができる。〈2〉
(56) 外国では、子供が寝る前に、古跡話を話す習慣があるが、ベトナムでは、きんまを食べながら、ゆっくりで、<u>感触</u>の伝えて話している。〈2〉
(57) わたしは日本で勉強すると、いっしょうけんめい日本人の勤勉と勤労の<u>風格</u>を勉強します。〈1〉
(58) このごろ、ハノイの道で売り歩くことを禁止するという<u>提出</u>をした。その提出のまわりに、ハノイの人々の意見が分かれた。〈2〉

(53)は「思い出」の意味で使われている。ベトナム語母語話者にごく一般的な誤用である（"kỷ niệm"の置き替え）。(54)は「質」の意味で、(55)は「能力」の意味で使われている（"chất lượng""khả năng"の置き替え）。これらもしばしば見られる誤用である。(56)(57)(58)は、それぞれ「「感情（を込めて）」「し方」「提案」の意味で使われている。それぞれ"cảm xúc""phong cách""đề xuất"の置き替えである。

3.2.3　日本語にも同様の用法があるがその文では不適当な使用

(59)　私は8才のとき一年生になりました。初めて入学式に参加しました。〈k〉
(60)　現在のベトナム人の精神生活は大変豊富だと思われている。〈2〉
(61)　今、この問題がかいけつされなくれば、ベトナムははったつできません。
(62)　多くの欧米の営業は資本と知恵が不足しない。それで、もっと大きな成功をとれるために、何が必要か。答えは失敗なのではないだろうか。〈2〉

(59)は「出席」、(60)は「豊か」、(61)は「発展」、(62)は「企業」とする必要がある。「参加」は、その催し（あるいは組織）に加わってほかの人たちと一緒に何かをする場合に使う。「豊富」は「種類が豊富」「話題が豊富」など具体的な事物について言い、「精神生活」のような抽象的なことがらについては使えない。「発達」は限定されたことがら（「交通のシステム」「社会福祉制度」など）について使う。「営業」は企業活動の中身について述べるときに使い、「企業」の意味では使えない。

3.2.4　不適切な形態での語句の使用

　漢語（漢語的な語句を含む）を日本語の文の中で使う場合どのような形になるか（例えば、「緊張」は常に「緊張する」の形になり「緊張だ」はない。「満足」は「満足する」「満足だ」の二つの形が可能。「適当」は「適当だ」はあるが、「適当する」はない。「整然」は常に「整然とする」の形で使う）

Ⅱ—1　学習者の作文から見たベトナム語母語話者の日本語学習上の困難点

は日本語学習者には難しく、誤用が多い。

(63) 私は少しお金を節約して、学費を払った。アルバイトをしているから、私の生活は苦しくなくなってきた。しかも、両親は安心になった。〈2〉
(64) でも、ハノイの道はせまくて、ちゅうしゃがすくないです。スピードを出しすぎる人やしんごうをまらない人が多いです。そこで、ハノイの交通はいっそうこんらんです。〈2〉
(65) 戦争によってこそ、戦士として若者は戦って、かたい意志とまれな勇気を持つようになったと思う。そして、その人達はやっぱり奇跡的なことをした。その人達のおかげて、自国が独立になっている。〈2〉
(66) ベトナム人の生活は高められている。それはベトナム人の経済が発展だし、政治が安定だしということが原因らしい。〈2〉
(67) 仕事での関係のほかに、ベトナム人はいつも個人の暮らしにお互いに関心して、楽しみやさびしさを共に分け合う。〈2〉
(68) そして、昔から、伝統正月がありますから、ベトナム人がとても迷信です。〈k〉

(63)は「安心した」、(64)は「混乱します」、(65)は「独立した」、(66)は「(ベトナムの経済が)発展し、(政治が)安定している(ということ)」、(67)は「関心を持って」、(68)は「迷信深いです」としなければならない。(67)は母語に関係なく日本語学習者に頻繁に見られる誤用である。

3.3　語句の構成ないしは語順にかかわるもの

日本語では修飾語は必ず被修飾語の前に来る。そのため、原則として修飾語が被修飾名詞の後ろに来るベトナム語の母語話者の文には、語構成ないしは語順の面で時に誤りが生じることがある。

(69) 私のうちは近くの学校にあるので、バイクで行くことはない。〈2〉
(70) 売り歩くという人は安定的な所で経営しないで、どの人も後ろの自転車やバイ

クに品物がたくさん積む。そのため、ハノイは毎日渋滞があるという町だ。〈2〉
(71) この間に、値段のセメントや鉄鋼が上昇するので、工事費が不足するのではないかと思っている。そして、進度の工事が延期されてしまって、工員がたくさん工事にあぶれている。〈2〉
(72) 一日の先生の日の前に学生たちは色々なことをじゅんびしておきます。〈k〉

(69)は「学校の近く」、(70)は「自転車やバイクの後ろ」、(71)は「セメントや鉄鋼の値段」「工事の進度」としなければならない。(72)は「先生の日の一日前に」という意味で書いている。数字が加わると、語句の構成が難しくなるようだ。

3.4 語句の呼応にかかわるもの

ある語句が通常どのような語句とともに使われるか（語句の呼応）を習得するのは日本語学習者にとってはかなり難しく、誤用も多い。読解の指導等の際にそうした語句の呼応を学習者に常に意識させることが必要である。

(73) それからテトになると、天気は寒くなります。〈k〉
(74) でも、ヘルメトをかぶらない人がまだいる。実に意識は弱いと思う。〈1〉
(75) タバコを吸うとかんきょうに影響を与えるしまわりの人にも迷惑します。〈k〉
(76) それで、日本の昔話を読んで、ちょっとショックした。〈2〉
(77) いつも親がそばにいたほうが子どもにとって一番いいと考える親がいる。〈2〉
(78) ですから、わたしはほかのじゅぎょうより日本語のじゅぎょうの方が大好きです。〈1〉
(79) 初めは日本語は一字も分かりませんが、だんだんひら名とかた名を書けます。〈1〉

(73)は「天気は」を削除する。日本語では「天気がいい（悪い）」とは言うが、「天気が寒い（暑い）」等とは言わない。ベトナム語母語話者に典型的な誤

II—1　学習者の作文から見たベトナム語母語話者の日本語学習上の困難点

用である（中国語母語話者、朝鮮語母語話者も同様）。(74)は「意識が低い」が適当である。(75)は「迷惑をかけます」としなければならない（「迷惑する」のは「タバコを吸う」人ではなく「まわりの人」である）。日本語学習者によく見られる誤用である。(76)は「ショックを受けた」としなければならない（反対は「ショックを与える」）。これもよく見られる誤用である。(77)は「一番」を削除する必要がある。「～方が」と「一番～」は呼応しない。(78)は「大好き」を「好き」とする必要がある。「～方が」と「大好き」は呼応しない。(77)(78)も一般的な誤用である。(79)は「書けます」を「書けるようになりました」としなければならない。「だんだん」の後には変化を示す動詞が来る。

3.5　主述（ないしは、文頭と文末）の呼応にかかわるもの

　日本語学習者は、主部と述部（ないしは、文頭と文末）、従属節内の疑問詞とその述部などの呼応しない文を書く。特に、原因・理由を述べる文にそれが目立つ。

(80)　一番悪いことはバスにのれません。〈1〉
(81)　しかし、この問題に対して、そういう提出に反対する人の意見がたくさんある。一つは売り歩く人と品物を肩にのせる姿はながい間ベトナム都市の特徴になった。〈2〉
(82)　第二理由は日本のまんがを読むのが大好きです。〈1〉
(83)　交通事故を見ると、私はとてもこわいです。りゆうはスピードを出しすぎ人やしんごうをまもらない人が多いです。〈1〉
(84)　しかし、多くの人、特に外国人によって出された問いはどうしてハノイの人々が公園では体操しているのである。〈2〉
(85)　たぶん現在の生活にとって、インターネットは便利で、欠かせなくなっているのだが子供がどうインタネットを使っているのを見てみよう。〈2〉

(80)は「乗れないことです」、(81)は「なったという意見だ」、(82)は「だということだ」あるいは「だからだ」、(83)は「ことだ」あるいは「からだ」、(84)は「のかということ」、(85)は「のか」としなければならない。(84)(85)に関しては、一つの文型として集中的に練習させる必要がある。

3.6　文末の疑問表現にかかわるもの

中級後期段階以降になると、柔らかく表現することによって読み手に強く訴える、などの目的で文末に疑問表現を用いることがよくあるが、その形をきちんと学習していないと、しばしば誤用が生まれる。

(86) 昔は農民たちは村の広い庭で集まって、いろいろな文化的な活動をしていたが、今はハノイの人々は毎朝公園で集まって、いろいろな健康を守る活動をしている。たぶんハノイにある公園はハノイの人々にとっては、昔の庭のように大切な所<u>なのだろうか</u>。〈2〉

(87) それに、その代わりに、どうしてその人々は美容体操センターのような所へ体操に行かないかなという問いも<u>あるだろうか</u>。〈2〉

(86)は「なのではないだろうか」、(87)は「あるのではないだろうか」としなければならない。

3.7　時間（テンス・アスペクト）にかかわるもの

時間にかかわる表現は多様であり日本語学習者の誤用も多様であるが、ベトナム語母語話者に一般的に現れる誤用は以下のようなものである（中国語母語話者等にも同様の傾向が見られる）。

3.7.1　過去の状態・できごとにかかわるもの

(88) 先週はトンニャット公園でコーヒーのてんらんかいが<u>あります</u>。わたしは友とこの公園へあそびに行きました。〈1〉

Ⅱ—1　学習者の作文から見たベトナム語母語話者の日本語学習上の困難点

(89) 以前、ベトナム人は一年中一生けんめいに労働しても、生活はまだくるしかった。ひまな時間がないと言える。だから、精神生活はまずしかった。〈2〉

(90) ですから、大学に合格できて、うれしかったです。初めは日本語は一字も分かりませんが、だんだんひら名とかた名を書けます。〈1〉

(91) はじめはわたしが日本語を知らないから、日本語の勉強はとても難しいと思いました。〈1〉

(88) は「ました」、(89) は「なかった」、(90) は「ませんでした」、(91) は「なかった」としなければならない。(89)(90)(91) のように、このような誤用は複文の主節以外の述部によく現れる。

3.7.2　習慣的なことがら（繰り返される行動・できごと。主語が複数の場合を含む）にかかわるもの

(92) 「07」番と「35」番のバスです。そのバスはいつもこみます。人が多くて、よく足をふまれて、手を引かれてしまいました。みんなはほかの人を押して引きます。とても困ってしまいました。〈1〉

(93) まじめにまもる人が多いです・でも、まもらない人もいます。残念です。けいさつに捕まるとき、その人はたくさん説明しました。「急いでいるから……」か「不便ですから」と言いました。これはよくありません。〈1〉

(94) 9月15日から、新しい交通のルールにようると、全部オートバイを運転する人はヘルメットをかぶらなければなりません。だから、ヘルメットをかぶらない人があると、すぐけいさつかんに捕まりました。そこでみんなは交通のルールをまもるそうです。じこが少なくなりました。〈1〉

(95) 例えば、ハー・ドン絹、バト・チャン陶器、ドン・ホー絵などだ。この手工品は外国でよく売られて、人々に好まれている。遊覧客はいつも、手工品を買って、友達と家族の人に送ってあげた。人々はベトナム人がとても上手な人がと言った。これはベトナム人の大きな誇りのではないだろうか。〈2〉

(96) 私は大学に入った時、父からオートバイをもらいました。このオートバイは古

103

Ⅱ　ベトナム語母語話者の傾向と方策

いですが、早く走ります。この前私は家から大学まで二十分ぐらいかかります。でも、今オートバイで十分だけです。〈1〉

(92)(93)(94)は、いずれも現在の習慣的なことがらを述べている。したがって、いずれも「ます」としなければならない。(95)も同様に「あげる」「言う」が適当である。学習者は過去の事例に注意が向き、現在もそれが続いているという意識が薄れ、誤りをおかすのではないかと思われる。なお、(96)は、現在との対比で過去の習慣的なことがらを表しており、「ました」としなければならない。

3.7.3　行動・できごとの進行にかかわるもの

(97) 今ベトナムと日本のけいざいかんけいははやくはってんする。ですから、けいざいについて仕事がたくさんある。〈1〉

(98) わたしは今まで6月間ぐらいぼうえき大学に勉強します。日本ごやせじけいざいやてつ学などべんきょうします。もうすぐテストがたくさんあるので、もっといっしょうけんめいにべんきょうします。大変です。〈1〉

(99) 近ごろ、「多くの若者は速く、急に生活しているので、自分の回わりに注意や親切な態度を持っているか。」という質問が出て来る。〈2〉

(00) 私の国には、交通事故は難解の社会問題である。毎年、全国の交通事故の数と交通事故での死者はきわめて多くて、外国人だけでなく、ベトナム人こそびっくりした。〈2〉

(01) 最近、たくさんの日本の企業は外国に直接投資をした。ベトナムには、大きな集団はたとえばカャノンやホンダやヤマハやフジツなどがある。それで、日本の会社で働くために日本語を勉強する必要がある。〈2〉

(97)は、現在進行中のことがらを述べているので、「している」としなければならない。(98)も、同様に、いずれも「しています」とする。(99)(00)も、現在進行中のことがらであるから、「出てきている」「している」とする。(01)

II―1　学習者の作文から見たベトナム語母語話者の日本語学習上の困難点

は、このままでは、「直接投資」が過去のできごととなり、事実に合わない。現在も進行していることを表すには「している」としなければならない。

3.7.4　行動・できごとの完了、および、結果の存在にかかわるもの

(02) 私は母とおばの娘さんのリンさんといっしょに行きました。ちょっど休みの日で人がたくさん来ました。〈1〉
(03) ベトナムへ来るのはじめての外国人は交通を見ると、びっくりします。その人は道をわたることができません。それに、しんごうがいつかこわれました。困ります。〈1〉
(04) ヘルメットをかぶることはとても必要です。ぶつかるとき、ヘルメットをかぶれば、おおけがが少なくなると思います。特に頭です。そこで、2007年9月15日から、道に出す人はヘルメットをかぶられています。これはいいことです。〈1〉
(05) どうして未成年の罪人の数は多過ぎだろうか。たぶん三つの理由がある。まず、近代的な生活の環境では、私たちはだれも昔よりずっと忙しくなって来る。〈2〉
(06) 小校生のころ、わたしたちは先生にベトナムみんぞく学はくぶつ館へ連れていかれました。今まで記憶するほど面白かったです。〈1〉
(07) 前には日本へりゅう学に行きたかったからよく勉強しました。でも、そのゆめは現実になれないと分かるので、きょうみがなくなってしまいました。〈1〉

(02) は「行った先に人がたくさんいた」という結果の存在を示す意図だから、「来ていました」としなければならない。(03) も「こわれた」結果の存在を示すものだから、「(こわれ) ています」とする必要がある。(04) も「かぶって、そのままの状態が続いていれば」という意図だから、「かぶっていれば」としなければならない。(05) は「(忙しくなって) いる (ことである)」または「(忙しくなって) きた (ことである)」とする (「忙しくなってくる」は、将来のこと、あるいは、習慣的・法則的なことを表す)。(06) は「(記憶) している」とする (「記憶する」で状態を表すことはできない)。(07) は「分かった」としなければならない。

Ⅱ　ベトナム語母語話者の傾向と方策

「行動・できごとの完了、および、結果の存在」は、日本語学習者、とりわけベトナム語母語話者や中国語母語話者には、母語との関係もあってか習得しにくいようで、この種の誤用はテンス・アスペクトに関する誤用の中でもかなり目立つ。

4　ベトナム語母語話者に特有の誤用

　ベトナム語母語話者に一般的な誤用は以上のとおりであるが、これらの誤用は、筆者の、日本の大学でのさまざまな母語話者に対する作文指導の経験や、誤用に関する各種の文献から見て、必ずしもベトナム語母語話者に特有のものではない。ベトナム語母語話者に特有の誤用は意外に少ないというのが、貿易大学でこの2年余り作文指導に取り組んできた筆者の実感である。しかし、ベトナム語母語話者に特有と思われる誤用もないわけではない。「ベトナム語母語話者に特有」と断定するのは難しいが、以下、その可能性がかなり高いと思われる二つの誤用について具体例を挙げて述べる。

（以下の誤用例は、貿易大学ビジネス日本語コースの学生〈ほとんどは2006年9月入学〉が日本語の学習開始時から2008年5月までの間に書いた作文による。学習段階順）

4.1　助詞「も」

（1）それからわたしたちはホアンキエムこへいきました。さんぽしました。ときどきわたしたちもうたいました。
（2）わたしはナムディンのくうきが大すきです。わたしもナムディンのたべものが大すきです。
（3）ハノイにはわたしたちの大切なきかんがたくさんあります。ここにも大学がたくさんあります。
（4）わたしのふるさとは山がたくさんあります。わたしのうちのうしろに山もあります。

Ⅱ—1　学習者の作文から見たベトナム語母語話者の日本語学習上の困難点

（5）ときどき、友だちのところへわからない文法をしつもんに行きます。わたしたちもテープをきいたり、日本語ではなしたりします。
（6）本はほんとうに私の友だちになっています。本をよむことはとても面白いと思っています。ほかの、私も旅行が大好きです。父は「もし、将来つうやくになったら、いろいろな国へ行けます」と言っています。
（7）ノンを作り方はとても面白いのです。竹としゅろの葉でノンを作られてとてもかるくて涼しいです。私のうちにノンも一つあります。そのノンは母のです。外に出ると母はそのをかぶります。
（8）町の中の道は小さくてきれいです。両側は大きい木も小さい木もあります。そして、道の両側もいろいろな家が並んでいます。
（9）洪水のほかに、毎年ベトナム人もひどい台風に直面しています。
（10）「舌は刀より鋭い。」という慣用句がベトナムにあります。日本には同じの慣用句もあるそうです。それは「刀の傷はなおせるが、言葉の傷はなおせない。」だそうです。

　上記の、それぞれの文例で執筆者が意図したと思われることは次のとおりである。
　　（1）「私たちは歌も歌いました」（2）「私はナムディンの食べ物も」（3）「ここには大学も」（4）「私のうちの後ろにも山が」（5）「私たちはテープを聴いたり日本語で話したりも」（6）「（ほかに、）私は旅行も」（7）「私のうちにもノンが」（8）「両側にはいろいろな家も」（9）「ベトナム人はひどい台風にも」（10）「日本にも同じ慣用句が」
　このような誤用はベトナム語母語話者に目立って多い。その主要な原因はベトナム語（「も」に相当する"cũng"）の影響であろう。
　「"cũng"は常に述語の前に位置する」（クー（1995））。したがって、その取り立ての対象は直前の語句であったり、直後の語句であったり、また、文末の語句であったりする。
　（例）ａ．Nam đọc truyện trong lớp và Ba cũng đọc truyện trong lớp.

Ⅱ　ベトナム語母語話者の傾向と方策

　　　　　（ナムは教室で小説を読んだ。バーも教室で小説を読んだ）
　　ｂ．Ba viết thư trong lớp và Ba cũng đọc truyện trong lớp.
　　　　　（バーは教室で手紙を書いた。バーは教室で小説も読んだ）
　　ｃ．Ba đọc truyện ở thư viện và Ba cũng đọc truyện trong lớp.
　　　　　（バーは図書館で小説を読んだ。バーは教室でも小説を読んだ）
　　　　　（ベトナム語の例文はクー（1995）p.120による。下線は筆者）
　前掲の誤用の多くは、上の文例のｂやｃの影響によるものと思われる。日本語の「も」の取り立ての対象は原則として[6]「も」の直前の語句である。
　このように、ベトナム語母語話者は助詞「も」の習得が難しい。ベトナム語母語話者のための初級教材を作成する際には、この点について特別の配慮が必要である。

4.2　副詞「特に」

（1）はく物館の中では、この時間の物がたくさんありました。古い自転車とか古布とか古ズーボンが見えました。特に、この苦しい時間の古い店と家もありました。これは、もちろん、もけいでしたが、きれいで昔の古い店と同じでした。

（2）一つのかがはじまる時、私達はあたらしいことばを覚えなければならなくておきたりぶんぽうを読んでおきたりしています。特に、前のかのしゅくだいを先生にださなければなりません。一つのかの二日に漢字のテストを受けて日本語のテープを聞きます。

（3）一番おもしろいことはこの家は全部で木でたてられました。家の中にはいろいろな物は木で作られました。はく物館の外にもほかのもけいの家がありました。でも、この家のほうがその家より低かったですが、その家より長かったです。この家はずっと長かったです。特に、この家はその家とちょっと同じでした。この家は木で全部でたたられました。

（4）緑色のペンの箱もあります。中学生の時、たんじょう日に友だちがくれました。きれいです。特にコンピューターの画面のまわり写真の友だちをたくさんはってあります。

Ⅱ－1　学習者の作文から見たベトナム語母語話者の日本語学習上の困難点

（5）10時ごろチーさんのうちに行きました。私たちはトランプをしたりケーキを食べたりビデオを見たりしました。<u>とくに</u>チーさんのお母が作った昼ご飯を食べました。とてもおいしかったです。

（6）新鮮な野をトマトから作ったシースと食べるのはとてもおいしい。果物はスープで、よく使う。おいいしいではなくて、保養だ。<u>特に</u>、ベトナム人はよく食べ物を食べて、病気をちりょうする。

（7）いちばでは、何でもあります。いろいろなものがあって、価格が安いです。もちろん、地方によってぶっかが違います。<u>特に</u>、地方の中ではところによって価格も違います。しかし、一般的に価格が安いです。

　日本語の「特に」は、「(～は) 特にない」のような表現を除き、通常、比較の対象となる範囲と評価の内容（「好き」「興味がある」など）が明らかな場合に使われる（「日本料理が好きだ。特にてんぷらが好きだ」「日本の文化は何でも興味があるが、特に興味があるのはアニメだ」など）。上記の学習者の文例はいずれもそれらが明確でなく、日本語母語話者には奇妙に感じられる。

　執筆者が「特に」を使って意図したことは何だろうか。筆者は（5）を書いた学習者（成績はトップクラス）に直接尋ねてみた。すると「それがいちばん楽しいことだったから」という答えが返ってきた。これは筆者の予想どおりであった。上記の文例の執筆者たちは、おそらく次のような意図で「特に」を使ったのであろう。

　　（1）「特に興味深かったのは、(この苦しい時代の店と家でした)」（2）「特に大変なのは、(前の課の宿題を先生に出さなければならないことです)」（3）「特に興味深かったのは、(この家が、その家と同じように、全部が木で作られていたことです)」（4）「特に強調したいのは、(コンピューターの画面のまわりに友達の写真がたくさんはってあることです)」（5）「特に楽しかったのは、(チーさんのお母さんが作ってくれた昼ごはんを食べたことでした)」（6）「特に強調した

いのは、(ベトナム人が食べ物を食べることによって病気を治療することだ)」(7)「興味深いのは、(地方の中でも所によって価格が違うことです)」

このように、ベトナム語母語話者は、「特に」を、その比較の対象の範囲や評価の内容をはっきり示さず、「(特に) 興味深い／深かったのは、」「(特に) 強調したいのは、」「(特に) 楽しかったのは、」等々と表現する意図で使うことが多いようだ。これは母語 ("đặc biệt là") の影響が大きいと思われる。(なお、"đặc biệt" をそのまま漢字に置き替え「特別」と書き、上記と同様の文を書く学習者もいる)

5 おわりに——教材作成のための蓄積の必要性——

以上、貿易大学の学生の作文等をもとに、ベトナム語母語話者の日本語学習上の困難点について、その法則性を探るため、多くの具体例で見てきた。

ここで扱った資料の数は限られており、具体的に取り上げた語句も教育現場で問題となるものの一部に過ぎないが、ベトナム語母語話者に一般的な誤用の傾向はかなりの程度表れている[7]と思う。

学習者にふさわしい教材、効率よく学習できる教材を作成するには、学習者の実情を十分把握していなければならない。その「実情」には、学習者の学習目的、興味・関心、勉学・生活状況等々を含むが、学習者の日本語学習上の困難点を把握することもきわめて重要な要素である。学習困難点を法則的・体系的につかむ(個々の教師の断片的な記憶だけでなく)ためには、当該日本語教育機関(例えば、貿易大学)における日々の授業実践の結果を何らかの文書にまとめ蓄積していく作業が必要である。教材の作成はそのような意識的な作業の積み重ねによってはじめて可能となる。

本稿が、将来、そうした"データベース"の一部、ないしは、参考資料の一つとして利用されることがあれば、幸いである。

Ⅱ―1　学習者の作文から見たベトナム語母語話者の日本語学習上の困難点

【注】
1）本稿は、2008年8月10日開催の第18回ハノイ日本語教育セミナー（ベトナム・日本人材協力センター（VJCC-HN）主催）で筆者が話した内容を、誤用分析の部分を中心に要約・補足するとともに、教材作成という観点から再構成したものである。
2）例えば、大島（1996）。大島によると、「「こと」は「当該事象のあらまし」を導くという機能をもち、「の」は当該事象の全体をとらえて節の形で導くという機能をもつ」（p.47）という。
3）例えば、グループ・ジャマシイ（1998）p.555
4）飯田（1997）は、日本語教育の立場から興味深い考察を行っている。例えば、飯田によると、「見られる」は、「対象への関心があり、対象を目にすることからそれを問題意識でとらえて提示する場合に使われる」（p.56）という。
5）日本語母語話者は、「行く」は"đi"、「来る」は"đến"と考えがちだが、宇根（1985）によると、「ベトナム語においては、đếnが'イク'の意味にも、'クル'の意味にも使われていて、方向動詞が'イク'と'クル'にすっきりとは2分化されていない」（p.106）という。また、方向動詞が多い（宇根は「よく使用される語として」9つの語を取り上げている（p.104））こともことがらを複雑にしているようだ。
6）「手紙を書いた。小説も読んだ」のように、直前の語句だけでない場合（「小説を読んだ」）もある。
7）国立国語研究所（2001）のベトナム語母語話者の部分についての筆者の分析（宮原（2002））でもほぼ同様の傾向が見られた。

【参考文献】
〈1〉飯田　透（1997）「「見える」「見られる」再考」『東京大学留学生センター紀要』第7号
〈2〉市川保子（2000）『日本語誤用例文小辞典　続（接続詞・副詞）』（凡人社）
〈3〉　　　　　　（1997）『日本語誤用例文小辞典』（凡人社）
〈4〉宇根祥夫（1985）「ベトナム語の方向動詞――'イク''クル'考――」『東京外国語大学論集』第35号
〈5〉大島資生（1996）「補文構造にあらわれる「こと」と「の」について」『東京大学留学生センター紀要』第6号
〈6〉グループ・ジャマシイ（1998）『教師と学習者のための日本語文型辞典』くろしお出版
〈7〉国立国語研究所（2001）「日本語学習者による作文と、その母語訳との対訳データベース ver.2」（作成代表者　宇佐美洋）
〈8〉宮原　彬（2006）『日本語学習者が作文を書くための用例集（第二版）』（発売凡人社）

Ⅱ　ベトナム語母語話者の傾向と方策

〈9〉　_____他（2005）『留学生のための日本語作文演習（中上級用）――第5版――』長崎大学留学生センター
〈10〉　_____（2002）「日本語作文とその母語訳から見たベトナム語母語話者の日本語学習上の問題点――母語の干渉を中心に――」『長崎大学留学生センター紀要』第10号
〈11〉　_____（1998）「中級後期から上級段階にある学習者の作文の問題点――作文教材作成のための類型化の試み――」『長崎大学留学生センター紀要』第6号
〈12〉　_____（1995）「大学進学予備課程の学生の誤用のタイプ――初級・中級教材の作成のために――」『東京大学留学生センター紀要』第5号
〈13〉　レー・バン・クー（1995）「ベトナム語のcũng（も）の意味と用法」つくば言語文化フォーラム『「も」の言語学』ひつじ書房

（貿易大学日本語学部紀要（2008.12.22）所収）

Ⅱ−2　日本語文型理解の困難点
　　　——ベトナム在住ベトナム人学習者の場合——

1　はじめに

　日本在住の日本語学習者を念頭に置いて作成された辞書や用例集を海外で使用する場合、そこに出てくる文例（通常一つの文で、翻訳が付いていないもの）はどの程度正確に理解されるであろうか。理解に困難がある場合は、それは何に起因するものであろうか。

　筆者は、筆者編集の用例集[1]（以下、『用例集』という）がベトナム語訳付きでベトナムで出版されるという機会を得た[2]が、その翻訳作業の過程でベトナム人翻訳者（2名）から確認のためのさまざまな質問を受けた。それらに答える過程で、また、完成後の翻訳の吟味を通じて、『用例集』記載の文例がベトナム在住のベトナム人にとっては筆者の予想以上に難しいという事実を知ることとなった。

　この『用例集』は、もともと筆者が以前勤務していた大学の別科生のために作成したもの[3]が原型となっている。より広範な学習者の便宜を考えて、固有名詞を一般的なものに変えたり、文例を改めたり、さらには、見出し語・文例・誤用例を大幅に増やしたりして、改訂したのが現在の『用例集』である。

　別科では、別科生全員に用例集（改訂前のもの）を持たせ、作文の授業では常にそれらを参照させていたが、その主な目的は、当該語句を使用する場合の、文の構造、語句の形態、語句の呼応、誤用例等を確認することであって、文の意味の理解は当然の前提としていた。文例のほとんどは学習者の立場で書かれ、彼らの日常生活を反映しており、学習者自身が実際に書いた文も数多く入っている。学習者にとっては身近で理解しやすい内

容の文例であると、少なくとも筆者は考えていた。事実、作文の授業で学生たちが用例集の文例の理解に難渋している様子を見たという記憶はない。

しかし、前述のとおり、ベトナム在住のベトナム人にとっては文例の理解そのものに一定の困難ないしはとまどいがあった。翻訳者の高い日本語力を考えると、その困難は翻訳者個人の日本語力の問題とは言い難く、日本とベトナムの社会的状況の違いや、日本語とベトナム語そのもののもつ性格に主な原因があると考えざるを得ない。

社会的状況の違いや、物事の、言語によるとらえ方の違い等が文の理解を困難にするのは一般的に予想されることではあるが、今回の場合具体的にどのような形で問題が現れたか、以下に簡単に報告し、今後のより広範な調査・検討のための第一歩としたい。

2 学習者のとまどいを引き起こす文（ないしは語句）のタイプ

ベトナム在住のベトナム人学習者が文（ないしは語句）の理解に難渋したり、誤解したり、とまどいを感じたりする原因としては、①日本とベトナムとの社会的状況の違い、②日本語とベトナム語との、物事のとらえ方・表現の違い、③日本語のもつ一般的な性格、を挙げることができる。これらは相互に関連があり、特に、①は②③にも大きく影響していると思われるが、便宜的にこの三つの側面に分け、学習者のとまどいを引き起こす文（ないしは語句）のタイプについて、以下に具体例を挙げて述べる。

2.1　主として社会的状況の違いに起因するもの

学習者のとまどいを引き起こす最大の原因は、日本とベトナムとの社会的状況の違いであるが、それはまた、社会的背景の違い（2.1.1）、社会的制度・習慣の違い（2.1.2）、場面のとらえにくさ（2.1.3）、理解ないしは翻訳の難しい語句（2.1.4）に分けることができる。

2.1.1 社会的背景の違いから来るとまどい

例えば、以下のような文（(1)～(8)）は、表面的な意味の理解はできても書き手の基本的な観点をとらえることは必ずしも容易ではなく、とまどいを与えることになる。（（　）内の語句は、『用例集』の見出し語を示す。以下、同様）

（1）すべての民族が共存できる社会を目指さなければならない。（きょうそん）
（2）飢えに苦しむ、かわいそうな子どもたちを救うには、どうしたらいいのでしょうか。（かわいそう）

（1）や（2）の意味するところは日本人や日本在住の日本語学習者には明らかであろう。しかし、国内に54の民族を抱え、ストリートチルドレン問題が深刻なベトナムに在住する学習者の場合、「すべての民族」「社会」「かわいそうな子どもたち」という語句から連想するものは日本人の場合と同じではない。その結果、文意があいまいになり、とまどいを引き起こすことになる。

（3）最近日本の若者は危険な仕事はやりたがらないようです。（きけん）
（4）日本の男の人はあまり家事をしないようです。（かじ）

（3）も（4）も、意味の表面的な理解には何ら問題はない。しかし、（3）で述べられていることがらの背景には日本における社会的な状況の変化があり、また、（4）には留学生（特に、中国人留学生）の視点がある。それらを理解していなければ、文意を的確につかむことはできず、「当然のことで、何を問題にしているのか」ということになる。

（5）きょうはご飯を作る時間がなかったので、インスタントラーメンで我慢した。（がまん）

Ⅱ　ベトナム語母語話者の傾向と方策

（6）外泊が続くと、体が疲れます。（がいはく）
（7）日本は自然保護に消極的だ。（しょうきょくてき）

　同じ品物や行為・行動の評価が社会によって違うのはしばしばあることであるが、その違いから時としてとまどいが生まれる。また、翻訳しようとすると、読み手の反応が予想されるため、さらにとまどいが加わる。（5）ではベトナムでは"高級な"食べ物である「インスタントラーメン」でなぜ「我慢した」となるのか、（6）では、ホテルなど"快適な"「外泊」がなぜ「疲れる」のか、また、（7）では、ベトナムと比べればはるかに「自然保護」に熱心な日本がなぜ「消極的」なのか、が問題となる。

（8）よくかんで食べないと、体に悪いそうです。（かむ）

　「かむ」という行為が健康全般に影響を及ぼすという事実が一般的に知られるようになったのは日本でも比較的新しいことではないかと思う。こうした考え方が乏しい社会では、どうして「胃」ではなくて「体」に悪いのかが、問題となる。

2.1.2　社会的制度・習慣の違いから来るとまどい

　社会の中で具体的な制度ないしは習慣が日本とベトナムとで違うために、とまどいや誤解を引き起こすこともある。例えば、以下のような例である。

（9）自転車に友達と2人で乗っていて、警官に追いかけられました。（おいかける）
（10）日本語コースで日本語を勉強している間に、日本語そのものに興味を感じるようになった。（あいだ）
（11）きょうは日曜日ですから、道はあまり込んでいないと思います。（みち）

　（9）は、もともと台湾の学生が長崎での経験をユーモアを交えて書いた

文章から採った文だが、二人乗り、三人乗りがごく普通の国の学習者には意味不明の文となる。(10) は、日本語コースが日本では通常は専門を学ぶための準備過程ないしは補助的な課程として設置されているということが前提としてあり、その前提についての認識がなければ、理解は難しいものとなる。(11) も、日本の道路事情を知らなければ、とまどう。

(12) わたしの友達は子どもを保育園に預けて大学に通っています。（あずける）
(13) 今度のテストの平均点は83点でした。（へいきん）

(12) や (13) も、日本の一般的な制度・習慣を知らないと誤解を生む。(12) では、毎日預けるのではなくて１週間預けっぱなしにすることが、また (13) では、特定の個人の受験科目全体の平均点が、イメージされたりする。

2.1.3　場面のとらえにくさから来るとまどい

　前述のとおり、この『用例集』は、その文例の大部分が日本在住の留学生（特に、日本語コースで学習中の留学生）の視点で書かれている。そのために、かえって、ベトナム在住の学習者には場面（ないしは状況）がとらえにくく、理解を難しくしている面がある。例えば、以下のような例である。

(14) 円が高くなって、生活が苦しくなりました。（くるしい）
(15) ６か月で日本語の新聞が読めるようになるなどということは、およそ無理だ。（およそ）
(16) 日本語コースのクラスメートたちといつの間にか日本語で話すようになっていることに気づいた。（きづく）
(17) 学校が静かなのは学部が休みだからです。（から）

(14) は、母国からの仕送りに頼っている留学生の立場を表しているが、

Ⅱ　ベトナム語母語話者の傾向と方策

その前提を理解していなければ、とまどう。(15)から「日本語コースで勉強を始めてから6か月で」という意味を読み取るのも、(16)から「日本語コースが始まった当初はクラスメートたちと英語などでコミュニケーションをとっていたが、いつの間にか」という意味を読み取るのも難しいようだ。また、(17)も、「日本語コースは授業をやっているが、学部は休みだ」という前提が読み取れなければ、理解は難しい。

2.1.4　理解ないしは翻訳の難しい語句

ベトナムにない品物・組織・制度・概念や、ベトナムでは知られていない固有名詞等は、当然のことながら、理解が難しい。また、理解はできても翻訳に苦労する。例えば、以下のような語句である。

回数券、乗車券、レポート用紙、原稿用紙、アダルトビデオ、保健センター、留学生相談室、自治会、ＬＬの準備室、学園祭の模擬店、サークル活動、先輩、学割、政治献金、ストレス、公衆道徳、道徳教育、統一試験、内外学生センター、ジャイアンツ、スワローズ、ガタリンピック、水俣病、被爆者団体

2.2　主としてベトナム語との関係に起因するもの

日本語とベトナム語との、物事のとらえ方・表現の違いも、学習者のとまどいを引き起こす原因となる。その中には、ベトナム語の語句との対応の問題（2.2.1）、文中における語句と語句との呼応の問題（2.2.2）等がある。

2.2.1　ベトナム語の語句との対応から来るとまどい

日本語の語句とそれに相当すると思われるベトナム語の語句との意味的なずれにより、例えば、以下のような問題が起こる。

2.2.1.1　漢語の場合

　ベトナム語には多くの漢語が含まれている（ベトナム語の語彙の70％近くが漢語である、との記述も見られる[4]）。日本語とベトナム語とのこの共通性は、ベトナム人学習者にとっては一つの有利な条件となる。しかし、起源を同じくする共通の語句があることが、逆に日本語の文の理解を妨げたり、とまどいを引き起こしたりすることもある。日本の社会状況についての理解が十分でない場合には、特にそれが現れる。例えば、以下のような例である。

(18) 日本のサラリーマンは会社のために自分を犠牲にしている。(ぎせい)
(19) 奨学金がもらえることになったので、経済的な問題は解決しました。(かいけつ)
(20) 田中先生は論文をまとめて本にしました。(まとめる)
(21) わたしは長崎で楽しい留学生活を送っています。(おくる)
(22) 長崎ではみかんやぶどうを生産しています。(せいさん)

　(18)の「犠牲」はベトナム語にもある。しかし、ベトナム語の「犠牲（hy sinh）」は、「大義のために犠牲になる」という意味が強いために、(18)のような文はとまどいが生まれる。社会状況の違いも影響しているであろう。(19)の「経済」も「問題」もベトナム語にある。しかし、ベトナム語では「経済的な問題（vấn đề kinh tế）」という語句は個人の財政状況については使わない。そこからとまどいが生まれる。(20)の「論文」もベトナム語にあるが、ベトナム語の「論文（luận văn）」は日本語の「論文」より範囲が狭い（卒業論文、修士論文、博士論文など）。したがって、ベトナム人にとっては、どんな種類の論文であるかが問題となる。(21)の「留学」も「生活」もベトナム語にある（ただし、「留学（lưu học）」は通常「遊学（du học）」が使われる）が、「留学生活（sinh hoạt du học）」という語句はなく、「留学生活」の意味（勉学のことだけを指すのか、生活も含むのか、など）が問題となる。日本語の「生産」は通常ベトナム語の「sản xuất（産出）」と対応しており、穀物、野菜、果物などについても使えるが、規模が大きい場合に限られる。したがって、(22) も、その「生産」の規模が問題となる。

2.2.1.2 その他の語句の場合

漢語以外の語句の場合にも、当然のことながら、ベトナム語の語句との関係でとまどいが生まれる。その多くは、日本語では意味の違いを意識せずに（あるいは、問題にせずに）表現することがらをベトナム語では意味の相違によって語句ないしは表現を変えている場合である。例えば、以下のような場合である。

(23) 国の料理が食べたいです。(が)
(24) わたしは最近睡眠不足です。(すいみん)

(23) では、この願望の性格が問題となる。ベトナム語では、「～たい」は通常 "muốn" で表現される（「食べたい」は "muốn ăn"）しかし、その実現可能性があまりない非常に強い欲求の場合は、"thèm" が用いられる（「食べたい」は "thèm ăn"）。したがって、この文の場面をどう理解するかという点で、とまどいが生まれる。(24) では、「睡眠不足」の原因が問題となる。ベトナム語では、「忙しくて寝る時間がない」のか、「寝る時間はあっても何らかの精神的・生理的原因で寝られない」のか、によって表現が変わる（前者なら "thiếu ngủ"、後者なら "mất ngủ" または "ít ngủ"）。(24) は前者の可能性が強いであろうが、ベトナム人学習者には判断が難しく、とまどいが生まれる。

(25) 兄に連れられて、保証人の家に行きました。(つれる)
(26) わたしは先生に作文の間違いを直されました。(なおす)
(27) バスの中で先生に肩をたたかれました。(たたく)

場面のはっきりしない受身文を示された場合に、その文意を理解し、ベトナム語に的確に翻訳することは、ベトナム人にはかなり難しい面がある。それは、ベトナム語の受身では、動作主によってもたらされた事態が、主語となるものにとって好ましいか否かによって表現が変わる（典型的には、好ましければ"được＋動作主＋動詞"、好ましくなければ"bị＋動作主＋動詞"、いずれでもない場合は"do＋動作主＋動詞"〈主語は無生物のみ〉となる[5]）ためである。日本語母語話者ならば、受身動詞と他の語句との呼応や慣用により状況を類推することは比較的容易であるが、ベトナム人学習者には難しい場合が多い。例えば、(25) では、本人が「行きたいと思っていた」のか「行きたくないと思っていた」のかが、また、(26) では、本人が「喜んでいる」のか「残念に思っている」のかが問題となる。翻訳に当たっては、当然のことながら、能動態で表現することで問題を解決する場合もある（例えば、(27) は、ベトナム語では、受身では表現できないようである）。

(28) ロータリークラブから「おくんち」の入場券をもらいました。（けん）
(29) 病院で薬をもらいました。（くすり）
(30) タンさんにわたしの古いテレビを譲りました。（ゆずる）

　日本語では、有償の場合でも「もらう」を使うことができるが、ベトナム語の場合は、有償ならば「買う（mua）」を、無償ならば「受け取る（nhận）」を使い、はっきり区別して表現する。したがって、どちらかわからない場合、とまどいが生まれることになる。場面のとらえにくさとも関係があるであろう。「ゆずる」についての同様の問題があり、有償ならば「売る（bán）」を、無償ならば「与える（cho）」を使うことからとまどいが生まれる。

(31) きのうのテストの答案をきょう返してもらいました。（とうあん）

Ⅱ　ベトナム語母語話者の傾向と方策

　日本語では、その文の主語となる者が要求したかどうかに関係なく、「てもらう」を使うことができるが、ベトナム語では、その点が問題になり、とまどいが生じる。

（32）タンさんは日本語の会話力ではリンさんに劣る。(おとる)
（33）わたしの国の社会福祉は日本より劣っている。(おとる)

　日本語では、比較する両者の差を特に考慮することなく、「おとる」を使うことができるが、ベトナム語では、差が大きければ「劣る（kém）」が、差が大きくなければ「同じではない（không bằng）」が用いられるという。これには修辞上の問題もあると思われるが、いずれにせよ、差がどの程度かということが問題となる。

（34）日本人の友達はわたしにとって一生の財産になると思います。(ざいさん)
（35）テーブルの上に小さな花が飾ってあります。(ちいさな)

　ベトナム語も日本語同様、名詞に単数形と複数形の区別がない。しかし、しばしば名詞の前に語句（"những"や"các"）を付加して複数であることを示す。そのため、ときに日本語の名詞の単複が問題になり、とまどいが生じる。(34)では「友達」の、また、(35)では「花」の単複が問題になる。

　以上のほか、例えば、以下のように、ごく普通の名詞でもベトナム語の語句との関係でとまどいを生む。

（36）長崎の新地町に私の祖父が住んでいます。(そふ)
（37）わたしは子どものころ祖母に育てられました。(そぼ)
（38）初めてわたしを日本と結びつけたものは、日本の漫画でした。(むすびつける)

(39) タンさんはいつも大きなかばんに教科書や辞書や参考書などをたくさん入れています。(かばん)

(36)の「祖父」、(37)の「祖母」では、父方か母方かが問題となる。また、(38)の「漫画」、(39)の「かばん」では、その種類が問題となる。

2.2.2　ベトナム語における語句の呼応との違いから来るとまどい

文中における語句と語句との呼応がベトナム語と違うために、とまどいを生じることがある。

(40) 父は私が農学部に進むのに賛成しました。(さんせい)
(41) 両親と相談の結果、農学部に進学することに決めた。(けっか)

(40)(41)の「農学部に進む」「農学部に進学する」は、いずれも、試験を受けて入ること、また、入って学ぶことが前提となっているが、ベトナム語では、その前提どおりに、「試験を受けて入る（thi vào）」、あるいは、「入って学ぶ（vào học）」と言わなければならず、上のような表現は許されないという。

(42) わたしは親類の家から学校に通っています。(しんるい)

(42)の場合も、「親類の家から学校に通う」は、親類の家に住んでいることが前提となっているが、ベトナム語ではそうした場合には「親類の家に住んで学校に行く（đi học ở nhờ nhà họ hàng）」と言わなければならず、そのため、とまどいが生まれることになる。

(43) レントゲンをとるときは、息を大きく吸って、しばらく止めて、それから吐きます。(はく)

Ⅱ　ベトナム語母語話者の傾向と方策

（43）はより単純な例だが、ベトナム語では「息を強く吸う」「息を深く吸う」はあっても、「息を大きく吸う」はないようで、どのような吸い方かが問題になる。

（44）戦後、我が国は外国の支配から解放された。（かいほう）
（45）わたしは将来母国での技術開発に協力したい。（きょうりょく）

前述（2.2.1.1）の漢語の問題とも関連するが、（44）の「支配から解放される」、（45）の「技術開発に協力する」も、語句の呼応の面でベトナム人学習者には違和感があるようだ。『用例集』の翻訳者は、「支配（ベトナム語では"統治"）から逃れる（thoát khỏi sự thống trị）」、「技術開発に参加する（tham gia khai thác kỹ thuật）」という訳語を選んだ。

また、これまでに挙げた例とはやや性質が異なるが、次のような例もある。

（46）日本という国は、日本に来て実際に見ない限り理解できないと思う。（かぎり）

（46）の「日本来て見ない限り」は、ベトナム語では、「日本に来ないで、見なければ（chừng nào chưa đến Nhật Bản và chưa nhìn）」といった表現になる。こうした構造上の違いからとまどいが生じることもある。

2.3　主として日本語の一般的な性格に起因するもの

　日本語のもつ一般的な性格がとまどいの原因となる場合ももちろん多い。それらのとまどいの中には、社会的状況の違いや日本語とベトナム語との表現の違いが影響していると思われるものも少なくない。

2.3.1　日本語の語句の意味の広さから来るとまどい

　日本語の語句の意味の範囲が、通常それに相当するベトナム語の語句より広い場合、文の理解が難しくなることがある。前記2.2.1.2と問題の性格は似ているが、日本人自身はその用法の違いを意識しているところが異なる。例えば、以下のような場合である。

（47）わたしは田中先生に日本語のおもしろさを教わった。（おそわる）
（48）タンさんは少し変わっています。（かわる）
（49）急いで家に帰ろうとしたら、友達に捕まってしまった。（つかまる）
（50）後期の授業料をどうやって払おうかと、今から心配しています。（しんぱい）

　（47）の「教わる」、（48）の「変わる」、（49）の「捕まる」が、「日本語を教わる」「天気が変わる」「警察に捕まる」といった場合と同義でないことは、他の語句との呼応関係から日本語母語話者ならば明らかであるが、そうした用法に慣れていないベトナム人学習者には、とまどいの原因となる。同様に、（50）の「どうやって払おうか」から「払うお金がない」ことをごく自然に連想することも必ずしも容易ではないようだ。

（51）タンさんもリンさんも、どちらもよく勉強します。（どちらも）
（52）3号館の裏庭でよく鳥が鳴いています。（なく）
（53）わたしはよく汗をかくので、いつもハンカチを3枚か4枚ポケットに入れています。（ハンカチ）

　（51）〜（53）の「よく」の意味も他の語句との呼応関係から日本語母語話者には明らかであるが、ベトナム人学習者の場合、頻度を示すのか、程度を示すのか、その両者を示すのかといったとまどいが生まれる。

（54）サッカーのワールドカップの誘致に当たって、政治家が動いた。（うごく）

Ⅱ　ベトナム語母語話者の傾向と方策

(55) タンさんは就職するためにいろいろ運動しています。(うんどう)

(54)(55)は、より単純な例だが、「動く」「運動する」のこうした用法に慣れていない場合は理解が難しい。日本とベトナムの社会状況の違いも影響しているであろう。

(56)「留学生ニュース」に留学生全員の写真が載っています。(ぜんいん)

(56)の「留学生全員の写真」から日本語母語話者が通常連想するのは「留学生全員の、一人一人の写真」であろうが、ベトナム語訳では「留学生全員で撮った写真」となっている。「全員」といった一見意味の明確な語句も他の語句との呼応関係で意味が規定されていることを示している。

2.3.2　慣用句についてのとまどい

慣用句も、当然のことながら、とまどいの大きな原因となっている。以下、便宜的に二つの場合に分けて、具体例を挙げる。

2.3.2.1　慣用句を構成する語の独立性があまりないもの

まず、慣用句を構成する語の独立性があまりなく、全体を一語としてとらえていなければ、意味の理解が難しい場合である。

(57) タンさんは大変気がきくので、アルバイト先で大切にされています。(きがきく)
(58) 母はいつも家族の健康を気にかけていました。(きにかける)
(59) わたしたちは同じアパートの日本人学生に気を遣っています。(きをつかう)

(57)～(59)の「気がきく」「気にかける」「気を遣う」は一語として理解している必要がある。

(60) パーティーに誘われたが、あしたは試験があるので、それどころではない。（どころではない）
(61) 中国にいるときは日本に行けば生活はなんとかなると思っていたが、現実はなかなか厳しい。（げんじつ）
(62) 日本語の勉強はそこそこにして、早く専門の研究に集中したい。（そこそこ）
(63) わたしは、どちらかといえば、田舎の生活のほうが好きだ。（どちらかといえば）

(60)〜(63)の「どころではない」「なんとかなる」「そこそこにする」「どちらかといえば」も、(57)〜(59)ほどではないが、一語として理解していなければ、とまどうことになる。

2.3.2.2 慣用句を構成する語に独立性があり、文字どおりの意味としてとらえられる可能性のあるもの

次に、慣用句を構成する語に独立性があり、そのため、通常それらの語句がもつ意味としてとらえられる可能性のある場合である。これらはその"独立性"ゆえに、さまざまなとまどいや誤解を生むことになる。こうした例は実に多い。以下にそのごく一部を挙げる。

(64) タンさんは人の前で話をするのが嫌いです。（きらい）
(65) タンさんはあまり人の話を聞きません。（ひと）
(66) タンさんはいつも人に余計なことを言います。（よけい）

(64)〜(66)の「人の前で話をする」「人の話を聞かない」「余計なことを言う」は、それぞれの語が通常もつ意味をもとにとらえられる可能性がある。そこからは、「多くの人の前で話をする」「他人の意見を受け入れない」「言う必要のないことを言う」という意味はなかなか出てこない。その結果、とまどいや誤解が生まれる。

Ⅱ　ベトナム語母語話者の傾向と方策

(67) もっと頭を使えば、仕事を早く終えることができると思う。(あたま)
(68) タンさんは心が広いです。(こころ)
(69) ケーキ屋でアルバイトをしたとき、日本人が一生懸命働いているのを見て、心を打たれました。(こころ)
(70) 牛肉は高くて手が出ません。(て)
(71) 田中先生の、わたしたちに対する批判は耳が痛かった。(みみ)

(67)～(70)の「頭を使う」「心が広い」「心を打つ」「手が出ない」も慣用句としての意味を知らなければ理解は難しい。(71)の「耳が痛い」も同様であるが、これには別の問題もある。「耳が痛い」がどんな場合に使われるかという問題である。この語句が使われるのは、直接批判されたときではなく、一般的な問題として言われたことがらが「わたしたちに対する批判」になっている、といった場合に使われる表現ではないかと思う。そうした場面と意味をこの短い文からつかみ、かつ、ベトナム語に翻訳するというのはかなり困難な作業であろう。

(72) わたしのふるさとは田舎で、あまり刺激がありません。(しげき)
(73) おかげさまで、就職が決まりました。(おかげさまで)

(72)(73)の「刺激がない」「就職が決まる」も、個々の語の意味から自然に理解できる言い回しとは言い難く、慣用句ととらえる必要があり、ベトナム在住の学習者がとまどうのも自然なことであろう。

2.3.3　テンス・アスペクトのとらえにくさから来るとまどい

　ベトナム語では、動詞・形容詞に活用がなく、テンス・アスペクトは、必要に応じて（文脈から類推できない場合などに）、他の語を付加して表す。その影響もあってか、日本文のテンス・アスペクトのとらえ方の面でときにとまどいが見られ、また、ベトナム語訳にも不十分さが現れる。

そうした、テンス・アスペクトのとらえにくさの中でも、ベトナム人学習者を特に悩ますのは、「〜ている」の形が進行状態（反復を含む）を表すのか、結果状態を表すのか、いわゆる経験・記録を表すのかという問題である。

（74）九州のあちらこちらで火山が噴火しています。（かざん）
（75）タンさんのお兄さんは日本の企業の中で十分能力を発揮しているようです。
　　　（はっき）
（76）わたしはマレーシアの友達に日本に来るように勧めています。　（すすめる）
（77）これまで日本語の勉強に熱心でなかったことを反省しています。（はんせい）
（78）ポットにお湯がわいています。（わく）
（79）タンさんは日本人とのつきあいに慣れています。（なれる）
（80）ブラームスは交響曲を4つ書いている。（ている）

　（80）のような例が分かりにくいであろうことは――特に「ブラームス」を知らない場合は――容易に想像できる。しかし、筆者にとって意外だったのは、（74）〜（77）のような進行状態を表す文例でかなりとまどいが見られたという点である。これらの「〜ている」が進行状態を表すのか、経験・記録を表すのかというとまどいである。これはおそらく経験・記録の「〜ている」を意識しすぎた結果であろう。経験・記録を表す場合は「〜ている」に過去を示す語句（副詞など）を伴うことが多いと思われるが、文脈によっては、確かに、そうした語句がなくても経験・記録を表すことができる。いずれにせよ、時を示す副詞等をそえずに、しかも一文だけで、「〜ている」の意味を理解させようとしたところにそもそも無理があったのではないかと思う。（78）（79）のような結果状態を表す文にも同じようなとまどいが見られた。これらの場合は、慣用的な表現に不慣れという面もあるであろう。

Ⅱ　ベトナム語母語話者の傾向と方策

2.3.4　動作・作用の主体や対象のとらえにくさから来るとまどい

　日本語の、状況や文脈に依存し文の中で動作・作用の主体や対象を明示しない性格は、当然のことながら、ベトナム人学習者にもしばしばとまどいを与えている。

(81) 日本語を教えてもらう代わりに、インドネシア語を教えています。（かわり）

(81) のように「だれが」「だれに」が欠けている文はベトナム人学習者には受け入れがたく、とまどいを生む。

(82) タンさんはギターに合わせて、マレーシアの歌を歌いました。（あわせる）
(83) 留学生の一部には何のために日本に来たの分からない人もいます。（いちぶ）
(84) 日本のレストランでは料理を注文すると、すぐ来ます。（ちゅうもん）

(82) は、日本語母語話者ならだれでも、「タンさんはほかの人の弾くギターに合わせて歌を歌った」と理解するであろう。しかし、ベトナム人学習者にはギターはだれが弾いているのか（自分か、他人か）という点が必ずしも明瞭ではない。ここには、ギターを弾いている主体が明示されていないという問題だけでなく、「ギターに合わせる」は、常に「ほかの人の弾くギターに合わせる」場合に使うという、語句の用法上の問題もあると思われる。(83) では、「分からない」のはだれか、つまり、「留学生が分からない」のか、「私が分からない」のかが問題になる。日本語母語話者のほとんどは後者に理解するであろうが、これは社会的な状況からの判断によるものではないかと思う。(84) は、「何が来るのか」という点でとまどいが生まれる。前述（2.1.3）の場面のとらえにくさとも関係しているであろう。

(85) 職場の人間関係に悩む人が多いようです。（しょくば）
(86) 健康なのが何よりです。（なにより）

(85)では、やや複雑な問題が生まれる。だれとだれとの「人間関係」について「悩む」のかという問題である。日本語母語話者なら「自分と職場の同僚との関係」であることは自明であるが、ベトナム人学習者には、「同僚と同僚との関係」も連想されるようである。これも、前述（2.1.1）の社会的背景の違いや慣用的な表現に不慣れなこととも関連があるであろう。(86)もかなり複雑な面がある。『用例集』のベトナム語訳では「健康であることは最も大切なことである（khỏe mạnh là qúy nhất）」となっている。一応適訳のように見えるが、この表現が使われる場面を具体的に考えると問題のあることが分かる。(86)の表現が使われるのは、一般的に「健康がいちばん大切」と述べる場合ではなく、現に話題になっている人がおり、その話題となっている人が健康であるという事実を受けて、その事実を伝えた相手に対して述べる表現ではないかと思う。そうしたことをこの短い文から読み取り、的確なベトナム語に翻訳するのはかなり難しいことではないかと思う。これも、前述（2.1.3）の場面のとらえにくさや慣用的な表現に不慣れなこととも関連があるであろう。

(87) 田中先生は貴重な時間を割いて、進路の相談に乗ってくださいました。（さく）
(88) 服を着替えて、外出しました。（ふく）

(87)(88)はより単純な例だが、こうした文例でもベトナム人学習者からは思わぬ反応が返ってくる。『用例集』の翻訳では、(87)は、「私たちの相談」となっており、また、(88)の主語は、「彼（anh ấy）」となっている。(87)は前述（2.1.2）の社会制度・習慣の違いとも関連があるであろう。

2.3.5　文の構造のとらえにくさから来るとまどい

前述（2.3.4）の主体や対象のとらえにくさとも関連するが、文の構造のとらえにくさから来るとまどいもある。この場合、助詞の「が」「は」

Ⅱ　ベトナム語母語話者の傾向と方策

の用法に習熟しているかどうかも文の理解に大きく影響する。

(89) 日本では、女性が働きに出るようになっても、家事は女性がするものだという社会習慣が相変わらず続いているようだ。(あいかわらず)

　日本語母語話者なら、「社会習慣」の中身は「家事は女性がするものだ」であろうが、ベトナム人学習者には「働きに出るようになっても、家事は女性がするものだ」ととらえられる可能性もあるようだ。複文の中での「が」と「は」の使い方に慣れていないことも、また、前述（2.1.1）の社会的背景の違いとも、関連があるであろう。

(90) アルバイト先の会社が倒産してしまい、大変な損害を被りました。(そんがい)
(91) チェルノブイリの原子力発電所の事故は、年とともに被害が増大している。(ぞうだい)
(92) タンさんは、急にお客が来たので遅刻したと、言い訳をした。(いいわけ)

　(90)の場合は、「会社が」であって「会社は」ではないことを見過ごすと、「大変な損害を被った」のが「会社」ということになってしまう。(91)は、これが「～は～が」構文であることをつかまないと、とまどう。(92)では、「言い訳をする」の用法に習熟していないと、「急にお客が来たので遅刻した」が「言い訳」の中身であり、言い訳は別の第三者に向けたものであることがとらえられなくなる。

3　文例の理解を容易にするための方策

　以上、『用例集』の翻訳作業に協力するなかで分かった、ベトナム在住ベトナム人学習者にとっての日本語文例理解の困難点を、社会的状況に起因するもの、ベトナム語との関係に起因するもの、日本語の一般的性格に

起因するもの、という三つの側面から見てきた。日本での使用を前提とし文脈なく提出された文例は、ベトナム在住のベトナム人学習者には、このようにとまどいを引き起こす面がある。ここに挙げた個々の具体的な事例には一般化できないものもあるであろうし、また、より広範かつ綿密な調査・分析が必要であることは言うまでもないが、困難点として取り上げたことがらにはかなり一般性があるのではないかと思う。

　それでは、こうした問題を解決するにはどうしたらよいか。正確な翻訳を付ければ問題は解決するという考えも成り立つかもしれないが、翻訳に頼らなくても日本語文だけでかなりの程度明確に理解できるものをめざすべきだ——たとえ、すべての文例に翻訳を付けるとしても——と筆者は思う。翻訳だけで解決しようとすれば、翻訳にとどまらず文意の解説まで必要になってくる文例も少なくない。教科書や用例集・辞書の文例は、何よりも、当該語句の用法（文の構造、語句の形態、語句の呼応等）についての情報を学習者に与えるものでなければならない。

　ただ、前記2で述べたことがらを一律にとらえ解決を図ろうとしても無理がある。これらのことがらの中には、a．文例への配慮でとまどいを防げるもの、b．文例への配慮でとまどいを軽減できるもの、c．翻訳を利用する必要があるもの、がありそうである。それらは以下のように分類できるように思う。

　a．文例への配慮でとまどいを防げるもの
　　①社会的背景の違い
　　②社会的制度・習慣の違い
　　③場面のとらえにくさ
　　④理解ないしは翻訳の難しい語句
　　⑤動作・作用の主体や対象のとらえにくさ
　　⑥文の構造のとらえにくさ
　b．文例への配慮でとまどいを軽減できるもの
　　⑦ベトナム語の語句（漢語を除く）との対応

Ⅱ　ベトナム語母語話者の傾向と方策

　　⑧テンス・アスペクトのとらえにくさ
　　⑨日本語の語句の意味の広さ
　ｃ．翻訳を利用する必要があるもの
　　⑩ベトナム語の漢語との対応
　　⑪ベトナム語における語句の呼応との違い
　　⑫慣用句

　文例作成に当たって留意すべきことは、まず第一に、上記①～④に配慮し、それらに起因するとまどいを避けることであるが、次に一般的に言えることは、動作・作用の主体や対象を明示したり、副詞ないしは副詞句・節などを使うなどして、できるだけ文の背景・状況を具体的に表すことであろう。日本語母語話者には自明の状況・場面であっても、その前提となる要素が文中に表れていない文（場面に依存する文）は極力避けなければならない。

　さらに言えば、ベトナムの社会状況や学習者の状況を反映した文例が、ベトナム人学習者とベトナムの社会・言語の分かる日本人教師との協同で作られることが理想である[6]。

4　おわりに

　日本語を学ぶ外国人のための辞書のあり方についてはさまざまな議論がなされており、その論点の多くは現場の日本語教師から見て納得のいくものである。ただ、学習者の立場から見た文例のあり方については、"常識的なこと"という認識からか、あまり論じられていない[7]。文例が文法的・語彙的な面で留意されていても、文意の面で学習者にとまどいや誤解を与えては、せっかくの留意も学習者には意味のないことになる。文例の作成には、本稿で触れたことがらをも考慮に入れた細心の注意が必要である。

　ハノイやホーチミン市の書店に行くと英語の辞書（越英辞典、英越辞

典）や教科書が書架にずらりと並び、この国の英語ブームを実感する。その辞書も大きいものは二千数百ページにも及び、用例もかなり充実している。それにひきかえ、日本語の方は数も少なく、内容も貧弱である。こうした状況の中で日本語を学ばなければならないベトナム人学習者の抱える困難は量り知れない。

　的確な文例の多い教科書・用例集・辞書等は、日本在住の学習者にもちろん必要だが、自国で学習する、日本の社会状況に疎い学習者には特に必要であろう。前記2で挙げた具体的な事例の中にも、詳細な辞書さえあれば容易に解決のできたものがあると思う。

　こうした状況をベトナム人と日本人との協同作業で何とか打開していきたいものである。これはベトナム人学習者への貢献であるばかりでなく、こうした作業から得られた知見はまた日本での日本語教育、教材・辞書の開発に大いに役に立つと思う。本稿はそうした願いを込めて、筆者の若干の体験をまとめたものである。

【注】
1）宮原彬（1996）『外国人学生が日本語で作文を書くための用例集（初級・中級用）』凡人社（発売）
2）MIYAHARA AKIRA（1996）TỪ ĐIỂN MẪU CÂU TIẾNG NHẬT, NHÀ XUẤT BẢN GIÁO DỤC
3）宮原彬（1994）『大学進学予備課程の外国人学生が作文を書くための用例集』長崎総合科学大学
4）例えば、NGUYỄN THIỆN NAM（1995）85頁
5）宇根（1983）の分類による。
6）土肥（1995）は、イギリスの出版社Longmanが「利用者に対して積極的に意見を求めた」例を引いて、「「作る側」からの一方的な押し付けだけでなく、利用方法、利用者についてどの程度関心を持つかが大きな課題である」と述べている。宮崎（1983）も、辞書の作成に当たっては、「"学習の専門家"を重要なメンバーに、しかも企画の段階から加えることが、成功の鍵のひとつ」と述べている。また、中道（1984）は、学習者の母語との関係にも配慮した「言語間対照辞書」の必要性に言及している。
7）例えば、玉村（1995）でも、「外国人用日本語辞書の構想」の中の一つの項目として、

Ⅱ　ベトナム語母語話者の傾向と方策

「当該語を含む適切な文例、または句例を必ず挙げる」と述べているが、「適切な文例、または句例」とはどのようなものかについては触れていない。

【参考文献】
〈１〉宇根祥夫（1983）「ベトナム語の受身」『東京外国語大学論集』第33号
〈２〉砂川有理子（1997）「辞書で引けない言葉の辞典——日本語文型辞典の開発に向けて——」『日本語教育論文集』——小出詞子先生退職記念——』凡人社
〈３〉玉村文郎（1995）「外国人のための日本語辞典構想」『言語』24巻6号
〈４〉土肥一夫（1995）「ユーザーフレンドリーな辞書の条件」『言語』24巻6号
〈５〉中道真木男（1984）「外国人のための日本語学習辞典」『言語』13巻8号
〈６〉中道真木男（1983）「日本語教育の基本語彙とその辞書」『日本語学』2巻6号
〈７〉宮崎茂子（1983）「外国人のための日本語辞書」『日本語学』2巻6号
〈８〉宮原彬（1999）「ベトナムの日本語教育事情——最近の状況と課題——」『長崎大学留学生センター紀要』第7号
〈９〉MIYAHARA AKIRA（1999）TỪ ĐIỂN MẪU CÂU TIẾNG NHẬT, NHÀ XUẤT BẢN GIÁO DỤC
〈10〉NGUYỄN THIỆN NAM（1998）TIẾNG VIỆT NÂNG CAO, NHÀ XUẤT BẢN GIÁO DỤC

（『長崎大学留学生センター紀要』第8号（2000.6.30）所収）

Ⅱ－3 『ベトナムで学ぶ学生のための日本語教科書（初級）』作成の試み

1　はじめに

ナムディン日本語日本文化学院[1]では、現在（2010年12月）、初級の教科書として、筆者編集の『ベトナムで学ぶ学生のための日本語教科書（初級）――試用第2版――』（以下、『ベトナム学生教科書（初級）』とする）を試用している。昨年度第1回目の試用（2009.9～2010.2）を行ったが、その過程で、いくつかの扱いにくい箇所や細かいミスを発見したので、それらを修正して「試用第2版」（本稿の末尾にその各課の概要を添付した）を作成し、2010年9月から2回目の試用を始めたものである。

　本稿では、『ベトナム学生教科書（初級）』の作成の意図や構成、特徴・留意点等について簡単に報告する。

2　日本での使用を目的として作成された初級教材をベトナムで使う場合の問題点

日本で市販されている初級教材には、特定の機関での使用を主たる目的として作成されたもの（『初級日本語』〈東京外国語大学留学生日本語教育センター〉、『進学する人のための日本語初級』〈日本学生支援機構東京日本語教育センター〉など）と、汎用性に重きを置いて作成されたもの（『みんなの日本語』〈スリーエーネットワーク〉など）があるが、いずれの教材も、当初想定されていた機関以外で使用する場合には、多かれ少なかれ学習者の実情に合わず扱いにくい点が生じる。それは日本国内でも避けられないことであるが、文化的な背景や社会制度の違う外国ではそれが拡大された

Ⅱ　ベトナム語母語話者の傾向と方策

形で現れる。筆者は、2006年9月から3年間貿易大学（ハノイ）で日本語教育に携わり、その間、上記の『初級日本語』と『進学する人のための日本語初級』を使用したが、その過程でこの事実を痛感した。

「学習者の実情に合わず扱いにくい点」とは、例えば、①文法項目の扱い方（文型とその提出のしかた・順序など）が学習者に理解しにくい（例えば、「～に～があります」と「～は～にあります」の提出のしかた、種々の「～ている」の提出順序および「～てある」の提出のしかた、「～たら」「～と」「～ば」「～なら」の提出の順序・しかた、など）、②学習者の学習困難点への配慮が十分ではない（ベトナム語母語話者について言えば、助詞の「も」、「行く」と「来る」の違い、テンス・アスペクト、など）、③会話や例文、読み文のトピックや場面、使用されている語句が学習者の実情に合わない、といったことである。これらのうち①と②は、学習者にとっても教師にとっても大きな問題ではあるが、学習者に混乱が生じた場合、ベトナム人の教師がベトナム語で学習者に説明することでかなりの程度解決することができる（学習者の母語が多様なため基本的には直接法によらざるを得ない日本での日本語教育の方が困難は大きいであろう）。しかし、③は、日本での日本語教育の場合とは比較にならないほど大きな問題である。

例えば、『初級日本語』には以下のような会話（本文）がある。

（例1）
　マナ　：あしたは五月五日で、やすみですね。なんの日ですか。
　さとう：子どもの日です。
　マナ　：がっこうはきょうもやすみでした。
　　　　　さとうさんのかいしゃもやすみでしたか。
　さとう：いいえ、やすみではありませんでした。わたしはかいしゃでしごとをしました。

（4課　原文は分かち書き）

Ⅱ—3 『ベトナムで学ぶ学生のための日本語教科書(初級)』作成の試み

(例2)
マナ　：せんしゅうじむ室で学生証を受けとりました。
　　　　外出する時、これをもっていなければなりませんか。
やまだ：外国人登録証明書はもっていなければなりません。
　　　　でも、学生証はもっていても、いなくてもかまいません。
（15課　原文は分かち書き）

　(例1)では、なぜ「学校はきょうも休みだった」のか、そして、なぜ「会社は休みではなかったのか」を説明しなければならない。また、(例2)では、「外国人登録証明書」とは何か、そして、なぜここに突然「外国人登録証明書」が出てきたのかを説明する必要がある。日本の事情を熟知している教師にとっても結構時間を要する作業となる。おまけに、その作業は、ここで扱おうとしている文型とは全く関係がない。

　これらは典型的とも言える例であるが、本文や読み文には、ベトナムで学ぶ学習者には理解しにくい、あるいは理解はできても身近には感じられない（したがって、興味を持てない）ものが多い。

　こうした教材を使いながらできるだけ学習者の実情に添った授業をしようと思えば、教師は、学習者の理解を確実なものとするために学習者の視点に立った例文を用意したり、現実性のある会話練習となるように本文の一部を作り替えたり、学習者の作文のモデルとなるような文章を用意したりする必要がある。それは教師、特に日本語母語話者でない教師にとってはかなりの負担となるであろう。また、それは授業の効率という点からも好ましいことではない。

　そうした問題を解決し、常に生き生きと授業を展開するには、学習者の立場に立った教材、「学習者にとって理解しやすく、練習しやすく、学んだことを応用しやすい教科書」(『ベトナム学生教科書(初級)』まえがき)の作成が必要ではないかと思う[2)]。

Ⅱ　ベトナム語母語話者の傾向と方策

3　『ベトナム学生教科書（初級）』作成の経緯

　筆者は、かつて勤務した大学で『別科・日本語Ⅰ』という初級教科書を作成した（長崎総合科学大学別科日本語研修課程　初版1989）。この教科書は、1980年代の初めまでこの大学で使用していた『日本語Ⅰ』（東京外国語大学　1973）が絶版となり、それに代わって採用した『日本語初歩』（国際交流基金　1985）（この教科書は当時日本の国内外で広く使われていた）があまりに筆者の大学で学ぶ学習者の実情に合わず、学習者も教師も苦しんだことから、独自の教科書の作成を試みたものである[3]。この、学習者の状況に深く配慮した教科書を使い始めて以降、日本語学習に取り組む彼らの姿勢は大きく変化し、授業の効率も著しく向上した。この教科書はその後も改訂を重ね、現在でも使われている。

　『ベトナム学生教科書（初級）』は、この、20年余り前の筆者の経験をもとに、2で述べた問題点を解決するために、作成したものである。具体的には、その基本的な意図や構成を『別科・日本語Ⅰ』にならい、それをベトナムで学ぶ学生（より具体的には、筆者が2006年9月から3年間勤務した貿易大学〈教科書の中では「ドンダ大学」となっている〉の学生）の実情に合うように改変したものである。

4　『ベトナム学生教科書（初級）』の構成と特徴・留意点

4.1　構成

　前述のとおり、『ベトナム学生教科書（初級）』の全体の構成は、基本的には、『別科・日本語Ⅰ』の構成と同様で、全体が37課から成っている（『別科・日本語Ⅰ』で二つに分かれていた課〈「5　つくえはいくつありますか」「6　学生がおおぜいいます」〉を『ベトナム学生教科書（初級）』では1課分にまとめた〈「5　学生は何人ぐらいいますか」〉ため、『別科・日本語Ⅰ』より1課分少ない）。各課の構成は、本文、「文型」「練習」「読みと作文」

Ⅱ—3 『ベトナムで学ぶ学生のための日本語教科書（初級）』作成の試み

「新しいことば」となっている。課によっては、これに「注意」「活用」が加わる。巻末には、表（「数の読み方」「数の数え方」「時刻の言い方」「時間の言い方」「日付の言い方」「期間の言い方」「〜ています／〜てあります」）と索引がある。また、付属教材として、『語彙リストと文法説明』『文型テスト問題』がある。

　文型の提出順序は、基本的には、『日本語Ⅰ』『日本語初歩』といった、1980年代半ばまでの伝統的な順序に添いながら、前述のとおり、『日本語初歩』を使用して生じた学習者の混乱等に配慮し、それらを大幅に修正している（「〜ている」「〜てある」の提出順序、「〜たら」「〜と」「〜ば」「〜なら」の提出順序、敬語の提出方法、等々）。

　漢字の扱い方は、教科書の課が進むにつれて漢字表記を増やす、伝統的な方式にはよらずに、通常漢字で表記される語句は第1課からすべて漢字表記とし、それにルビを振っている（漢字の学習は、この教科書による学習とは切り離し、『みんなの日本語初級』〈スリーエーネットワーク〉付属の漢字教材を使っている）。

4.2　特徴・留意点

　『ベトナム学生教科書（初級）』の最大の特徴は、本文や「文型」「練習」「読みと作文」等の文例、文章例、会話例のほとんどがベトナムで学ぶ学生（より具体的には貿易大学の学生）の状況を反映したものとなっており、そのため、理解が容易で、練習もしやすいという点にある。

　以下、この教科書の特徴と思われる点ないしは筆者の留意点について教科書の構成部分ごとに述べる。

4.2.1　本文

　本文はすべて会話で成り立っている（ほとんどは日本人とベトナム人との会話である）。この本文の目的は、その課で学習する文型・語句を、既習の文型・語句とともに、できるだけ自然な文脈で示し学習者の文型・語句の理解を促進すること、および、教室での会話練習のための素材を提供

することである。そのため、この本文は、できるだけ学習者に身近で、現実性のある内容、会話練習等で発展性のある内容となるよう留意した（その多くは、筆者の、貿易大学での３年間の体験からヒントを得ている）。もちろん、文型・語句の導入の必要性等から自然とは言い難い"人工的"な会話もあるが、それは規範的な日本語の学習を目指す日本語教科書という性格上、やむを得ないことではないかと思う。自然ではあっても応用範囲の限られる短い会話より、学習者の学生生活を反映した、内容のある会話の方が発展性があり、好ましいと筆者は考える。なお、この教科書の文例のすべてが、作文やスピーチを含め、どんな場合にも使えるようにとの配慮から「〜じゃありません」「〜んです」といった表記は避けている。

4.2.2 「文型」

「文型」は、文例が比較的多いこと、また、新出の文型の意味・構造が捉えやすいように配列してあることに特徴がある。また、可能な限り、文型を会話として提示することも心がけた。

筆者は、現在広く使われている初級の教科書の欠陥の一つとして、文例が少ないこと、そして、その文例の少なさを練習問題で補おうとしていることがあると考える。これは学習者にとっても教師（特に、日本語非母語話者の教師）にとっても好ましいことではない。新しい文型を提示する場合、ベトナム語による説明等がなくてもその文型の意味や文構造の法則性がある程度把握できるように、一定数の文例を並べて示すことが好ましい。そうした文例を学習した上で、練習をさせるべきだと思う。それにより、学習者の負担はかなりの程度軽減され、復習も容易になり、定着も期待できる。

4.2.3 「練習」

「練習」は、教室での文型練習の際の参考例として、また、学生の自習用・宿題用として使用することを予定している。

この「練習」では、機械的な練習はできるだけ少なくし、学習者が自身のアイディアで文を"創造的"に作る練習が多くなるよう配慮した。例えば、動詞や形容詞をキューとして示し、文を作らせるといった練習である。

このような練習は、学習者が作る文が適格か否かについて判断する必要があり、日本語母語話者でない教師の場合、多少困難が伴うであろうが、それはどのような練習でも同様であり、日本語母語話者と同様の正確さは必ずしも必要ではない。それより重要なことは、学習者が伸び伸びと自己表現できるような練習を組織できるかどうかということではないかと思う。

この「練習」に挙げてあるいくつかの練習は、教室での練習の際の参考例に過ぎないが、その課が終わったあと、宿題として、この「練習」の全部ないしは一部をノートに書いて提出させるのは、学習者にとっても教師にとっても大変有益である。それにより、教師は、学習者の理解の程度、学習状況等をかなり的確に把握することができる。

4.2.4 「読みと作文」

「読みと作文」は、その課までの総合的な読み教材として、また宿題として課す作文のモデルとして、また、授業で会話やスピーチ練習をする際の素材として使用することを予定している。そのため、できるだけ学習者の勉学・生活状況に添った文章となるよう、また、多少なりともベトナム文化を反映した内容となるよう、留意した。

筆者は貿易大学在職中、ビジネス日本語コースで1年次から3年次まで作文指導を行っていたが、その過程で宿題として提出された作文に修正を加えたものを10編近くこの「読みと作文」に載せている。また、筆者執筆の文章であっても、その多くは貿易大学の学生の作文や学生との会話などからヒントを得たものである。そうした学習者の視点に立った文章は学習者に容易に受け入れられ、学習者が自身のことを表現しようとするとき、大きなヒントとなる。

4.2.5 「注意」

「注意」は、日本語学習者に一般的に現れる初歩的な誤用との関連で、学習者の注意を喚起するために、それぞれの段階でまとめたものである。その中には、特にベトナム語母語話者に顕著に見られる誤用(助詞の「も」、「行く」「来る」の違いなど)も含まれている。この「注意」によって誤

Ⅱ　ベトナム語母語話者の傾向と方策

用がなくなるとは思えないが、これらに関連した誤用が現れた場合、学習者の注意を繰り返し喚起するのには役立つであろう。

4.2.6　「活用」

「活用」では、その課の文型練習で使用可能な、動詞、形容詞（イ形容詞）、形容動詞（ナ形容詞）がリストアップされ、その活用が示されている。これは学習者にとっても教師にとっても役に立つと思う。「日本語の動詞や形容詞の変化は規則的で、いちいちその活用を教科書に載せる必要はない」といった意見もあるであろうが、学習者は、個々の動詞や形容詞の具体的な活用を聞いたり見たりしながら、次第にその法則性を身につけていくはずである。このような活用表があれば、予習や復習の際にも確認でき、学習者の負担は軽減されるであろう。また、教師は、通常授業の前に、その課の文型練習で使用可能な動詞・形容詞等のリストを用意する必要があり、それは結構手間のかかる作業であるが、こうした活用表があれば、その手間もはぶける。

4.2.7　「新しいことば」

「新しいことば」は、その課での新出語句を品詞別に並べてある（ただし、品詞の分類はあくまで教授上の便宜的なものである）。これは学習者、教師双方の新出語句の確認に役立つであろう。

通常漢字で表記される語句については、語句の後ろにかっこで漢字表記を付している。前述のとおり、漢字の指導はこの教科書での学習とは切り離し、別の教材を使っているが、学習者が「練習」の宿題や作文の宿題を提出する際に、漢字の学習進度に応じて、この「新しいことば」（あるいは「さくいん」）でそれぞれの語句の漢字表記を確認し、漢字を使うことを期待している。

実は、前述の『別科・日本語Ⅰ』では、この部分は、各語句に高低アクセントが付してある。特に外国で使用する教科書の場合、アクセントを示すことはかなり重要ではないかと思われるが、技術的な理由で入れられなかった。

4.2.8 「表」

「表」は、「数の数え方」「時刻の言い方」「日付の言い方」等を学習者が常時確認できるように、という趣旨で載せたものである。学習者は、手元に目で確認できるものがあれば、心強いであろう。また、「～ています／～てあります」の表は、これらを体系的に位置付けることで理解を助けようという趣旨である。

4.2.9 「さくいん」

「さくいん」は主として、教師用である。その語句の初出のページが示してある。また、その語句に用法が複数ある場合は、それぞれの用法の文例とその初出のページが示してある。学習者にとっても、既習の語句か否かを確認する場合などに役立つであろう。

4.2.10 付属教材

前述のとおり、『ベトナム学生教科書（初級）』には、付属教材として、『語彙リストと文法説明』『文型テスト問題』がある。前者にはベトナム語訳が付いている。

「文法説明」には、『ベトナム学生教科書（初級）』にある「文型」のそれぞれの項目の例文の一部にベトナム語訳を付したものと、学習者が知っておくべき最小限のことがら、および、それに関連する誤用例が載せてある。説明はできるだけ実践的に役に立つものとなるよう配慮した。

『文型テスト問題』は課ごとに作成されている。問題の多くは会話で成り立っており、機械的に答えの出る問題は少なく、会話や文章の文脈を理解しながら、適当な語句を記入していくタイプの問題が多い。このような問題形式は他にあまり例を見ないが、学習者の理解度を知るには大変好ましいように思う。このテスト問題は『別科・日本語Ⅰ』の付属教材として作成したものを『ベトナム学生教科書（初級）』に合わせて改訂したものである。

Ⅱ　ベトナム語母語話者の傾向と方策

5　試用の状況と結果

　筆者の着任前、本校では初級教材は『みんなの日本語』を使っていた。筆者の着任と同時に『ベトナム学生教科書（初級）』を使い始めたので、筆者自身は、教科書の変更による学習者の状況の変化等について具体的には分からない。
　ただ、言えることは、大学ではない本校の学習者にとっても、『ベトナム学生教科書（初級）』の大部分の文例・文章例が理解しやすかったということ、また、本文や「読みと作文」が、授業での、会話やスピーチの練習の素材として比較的使いやすかったということである。特に、学習者に身近な語句が比較的早い段階から出てくるので、学習者が自身の勉学・生活状況をトピックにして話したり書いたりする練習がやりやすかった。この点は『初級日本語』や『進学する人のための日本語初級』等を使った場合との大きな違いではないかと思う。
　なお、本校では、『ベトナム学生教科書（初級）』を終えたあと、中級段階では、『ニューアプローチ中級日本語　基礎編』『ニューアプローチ中上級日本語　完成編』（語文研究社）を、また、そのあとは、『留学生のための時代を読み解く上級日本語』（スリーエーネットワーク）を使用している。この試用期間中に『ベトナム学生教科書（初級）』について寄せられた意見の中に、この教科書に続く「中級がない」ことを一つの"欠陥"として指摘するものがあったが、この教科書は語句や文型の数でも、『初級日本語』『進学する人のための日本語（初級）』『みんなの日本語』などとほぼ同じかそれを上回り、中級への移行には全く問題がない。逆に、「初級」と「中級」が用意されている同系統の教科書ならばその移行に問題がないかと言えば、必ずしもそうではない。例えば、筆者の貿易大学での経験では、『進学する人のための日本語中級』は『進学する人のための日本語初級』を終えて使用するにはかなり無理がある。初級の教科書と中級の教科書が別系統の教科書であっても何ら問題はない（前述の『別科・日本語Ⅰ』を使っ

ている長崎総合科学大学では、中級では『中級日本語』〈東京外国語大学〉を使っている）。重要なことは、「初級」と「中級」がつながっているかどうかといった形式的な問題ではなく、それぞれの教科書が学習者の状況にどの程度適合しているかという問題である。「中級がない」ことを問題にする議論は全く根拠がない。

6　おわりに

　教科書の作成に消極的な考えとして、筆者がベトナムで耳にした意見の中に、①「教科書の作成は効率が悪い。既存の教科書を使う方が効率的である」、②「教科書を作るにはカネがいる」というものがある。①の意見は日本でも聞くことがある。②の意見は日本では聞いたことがない。

　「教科書の作成は効率的ではない」という意見は一面の真理を語っていると言える。確かに、教科書作成にはかなりの時間と労力を要する。それより市販の教科書を"創造的に"使ったほうがいい、という意見であろう。しかし、日本での使用を前提として作成された初級の教科書を使い、学習者の理解を助け、十分な練習をさせるために、授業のたびに、多くの説明や文例を加え、授業方法（特に、話す練習）を工夫したり補助教材を作成して与えたりすることが効率的と言えるだろうか。十分な準備時間のない多くの教師は、結局、その教科書でやれる範囲のことだけで済ませてしまい、学習者の学習意欲に十分には応えていないというのが実態ではないだろうか。それよりも、作成段階では多少時間と労力を費やしても、作成後は思い通りに授業が進められるということのほうがはるかに効率的ではないかと筆者は考える（一度教科書を作成してしまえば、学習者の実情や教育環境・教育条件に変化が生じた場合に、その教科書を改訂するのは比較的容易な作業である）。

　「教科書を作るにはカネがいる」という発想は筆者には全く理解できない。出版する段階になれば、そのようなこともあるかもしれないが、原稿

Ⅱ　ベトナム語母語話者の傾向と方策

（試用版）作成の段階では、パソコン、紙、プリンター、それにコピー機さえあれば、技術的には十分である。関心を払うべきことはカネではなく、教科書の中身である。

　最後に、教科書のあり方について、日本語教育界の先輩たちが述べていることを紹介したい。窪田富男（元東京外国語大学教授）は、「よい教科書とは、学習者に理解しやすく役に立ち、かつ教授者の創造的教育活動がしやすい教科書である」[4]と述べている。また、斎藤修一（元慶応大学教授）は、「そのコースにとって理想の教科書はそのコースをよく知る人によって書かれねばならない。（中略）「自分たちが教えるコースの教科書は自分たちで作る」というのが教科書に対するあるべき教師の姿である」[5]と述べている。筆者はこの二人の先輩の意見に全く同感である。

　この『ベトナム学生教科書（初級）』が、ベトナムで学ぶ学習者にふさわしい初級教科書のあり方について具体的に議論する際の参考資料の一つになるとすれば、ベトナムの日本語教育の現場に比較的長い期間かかわってきた筆者としては、大変うれしい。

【注】
1）正式な名称は Trung tâm Ngôn ngữ và Văn hóa Nhật Bản（日本言語文化センター）。
2）その必要性については、以下の拙稿でも触れた。MIYAHARA Akira（2007）*Giảng dạy tiếng Nhật ở Trường Đại học Ngoại thương nhìn từ kinh nghiệm giảng dạy tại các trường Đại học Nhật Bản*, KINH TẾ ĐỐI NGOẠI No.24/2007, TRƯỜNG ĐẠI HỌC NGOẠI THƯƠNG, pp.78 - 79　また、1970年代の貿易大学では自力での教科書作成が当然のこととして受け止められ、ベトナム人教員と日本人教員とが協同で教科書を作成した。その間の事情については、以下の拙稿で触れた。宮原彬（2010）「ベトナムの日本語教育、70年代と今――ハノイとナムディンでの経験を中心に――」『アジア・アフリカ研究』（アジア・アフリカ研究所）第50巻第3号（通巻397号）pp.12 - 14（本書Ⅰ―1に収録）
3）その詳細は、以下の拙稿で報告した。宮原彬（1989）「別科生用初級教科書『別科・日本語Ⅰ』について――その作成の意図と構成」『長崎総合科学大学紀要』第30巻第2号 pp.309 - 320
4）窪田富男（1989）「4　教科書・教材論」木村宗男他編『日本語教授法』（おうふう）

Ⅱ—3 『ベトナムで学ぶ学生のための日本語教科書(初級)』作成の試み

　p.101
5）斎藤修一（1986）「教科書論」『日本語教育』（日本語教育学会）59号 pp. 1 - 2

Ⅱ　ベトナム語母語話者の傾向と方策

『ベトナムで学ぶ学生のための日本語教科書（初級）――試用第2版――』各課の概要

課	「文型」で扱う文型・語句・言い回し	表題、本文の場面・登場人物・話題	「読みと作文」の内容
1	これ／それ／あれは何ですか‖これ／それ／あれは（机）です‖これは（鉛筆）ですか‖はい、それは（鉛筆）です／いいえ、それは（鉛筆）ではありません‖それは（本）ですか、（ノート）ですか‖それも（ノート）です‖これは（ハノイ）の（地図）です‖（教科書）はこれです‖（ハノイの地図）はどれですか	これは何ですか （VJCCの図書室） 日本人教員が図書室の書籍、備品等についてベトナム人学生の質問に答える	ビジネス日本語コースの時間割
2	（わたし）は（ラン）です‖このかた／そのかた／あのかた／どのかた‖どなた‖（ラン）と申します‖はい、そうです	わたしはランです （交流会） ベトナム人学生、日本人留学生、日本から来た学生が互いに自己紹介などをする	ベトナム人学生の自己紹介
3	（机の上）に（本）があります‖（中国語の本）もあります‖何かありますか‖（何）もありません‖（テープレコーダー）は（机の上）にあります‖（日本語学部の職員室）は（3階）です‖（机の下）には（ごみ箱）があります	部屋に何がありますか 日本人留学生がベトナム人学生のアパートの場所や部屋の家具、備品等について聞く	ベトナム人学生の住まい
4	（職員室）に（バンさん）がいます‖（木の枝）に（鳥）がいます‖（ランさん）は（教室）にいます‖（ランさん）は（教室）です‖（教室）はあちら／こちら／そちらです‖教室はどちらですか	教室にだれかいますか （大学の廊下）（職員室）（日本室）（庭） ベトナム人学生が日本人教員・事務職員・ベトナム人教員に、テープレコーダー・教員・部屋の所在を聞く、など	ドンダ大学のキャンパス
5	（ここ）に（卵）が（1つ）あります‖（庭）に（猫）が（3匹）います‖（本）が（3冊）と（ノート）が（2冊）あります‖（1台）しかありません‖（1本）もありません‖（白い）（紙）／（茶色）の（スリッパ）‖（白い紙）も（赤い紙）も（青い紙）もあります‖（どれ）が（日本語のテープ）ですか‖（男の学生）は（わたし）だけです‖（日本の人口）はどのぐらいですか	学生は何人ぐらいいますか （大学の廊下）（教室） 日本人留学生がベトナム人学生に、日本語コース、その教室、教室の備品について聞く	学生のアパートとその部屋の中

Ⅱ—3 『ベトナムで学ぶ学生のための日本語教科書（初級）』作成の試み

6	（このりんご）は（大きい）です‖（きれい）な（りんご）‖（このりんご）は（きれい）です‖（このりんご）は（1キロ）いくらですか‖（3本）で（5,000）ドンです‖（大きい）のは／（緑色）のは／（真っ赤）なのは／（ホアさん）のです‖（ばら）は（1本）（1,500ドン）で、（菊）は（1本）（2,000）ドンです‖（キャベツ）を（1つ）ください‖（キャベツ）を（1つ）と（玉ねぎ）を（3つ）ください	小さいバナナはいくらですか （市場） 日本人教員がベトナム人学生の通訳で果物や花を買う	大学のそばの市場
7	（新し）くありません／（新しく）ないです‖（親切）ではありません／（親切）ではないです‖（広）くて、（明るい）（部屋）です／（安）くて、（おいしい）です‖（静か）で、（きれい）な（町）です‖（元気）で、（明るい）です‖あまり（おいし）くありません／あまり（静か）ではありません	明るくて、きれいな部屋です 日本人教員がベトナム人学生のアパートの場所やその状況を聞く	ハノイの町
8	時刻・時間の言い方‖（7時）に（始まり）ます‖（大学）へ（行き）ます‖（勉強）を（し）ます‖（散歩）は（し）ません‖（7時）から（11時55分）までです‖（7時）から（10時）まで（勉強をし）ます‖（1時間ぐらい）テレビを見ます‖（オートバイ）で（行き）ます‖（20分ぐらい）かかります‖（早）く（起き）ます‖あまり（散歩）はしません／全然（散歩）はしません‖ひとりで（食事をし）ます／（友達）と一緒に（食事をし）ます‖それから／そして	授業は何時に終わりますか （大学のキャンパス） ベトナム人学生と日本人留学生が互いに放課後の予定について聞く	ベトナム人学生の一日の生活
9	曜日の言い方‖（水曜日）に（掃除をし）ます‖（きのう）は（日曜日）でした／（7時）に（起き）ました‖（きのう）は（休み）ではありませんでした／（予習）は（し）ませんでした‖（教室）で（勉強をし）ます‖（毎晩）は（し）ません‖（1週間）に（4回）（あり）ます‖（どこへ）も（行き）ません	日曜日に旧市街で買い物をしました 日本人留学生とベトナム人学生が、1週間の授業科目、日曜日の過ごし方、前日（日曜日）の様子などについて話す	ベトナム人学生の、ある日曜日の生活

Ⅱ　ベトナム語母語話者の傾向と方策

10	年月日の言い方‖（9月6日）に（ハノイへ来ました）／（教師の日）は（11月20日）です／（4月）に（日本へ行きます）‖（ダナン）へ（旅行）に行きます‖上手）に（日本語を話し）ます‖（3日）間／（3週）間／（1か月）間／（3年）間	10月2日にタムコックへ遠足に行きました （VJCCのロビー） 日本人教員とベトナム人学生が大学の行事等について話す	ベトナム人学生の自己紹介と入学式前後の様子、行事など
11	（忙）しかったです／（忙）しくありませんでした／（忙）しくなかったです／（にぎやか）でした／（にぎやか）ではありませんでした／（にぎやか）ではなかったです‖（寒い）と思います／（静かだ）と思います／（病気だ）と思います‖（食堂）で（パーティー）があります‖（授業）のまえに、（予習をします）／（授業）のあとで、（復習をします）	水上人形劇はとてもおもしろかったです （電話） 日本から来た学生とベトナム人学生がハノイ観光や日本語の勉強の様子について話す	ドンダ大学の学生と長崎大学の学生との交流会の模様
12	（プール）へ（泳ぎ）に行きます／（図書館）へ（勉強）に行きます／（雑誌を）借り）に来ます‖（プールへ泳ぎに行き）ましょう／（プールへ泳ぎに行き）ませんか／（どこへ行き）ましょうか‖（恋人）ができました	国立映画センターへ映画を見に行きませんか 日本人留学生がベトナム人学生にこの前の日曜日の様子を聞いたあと、映画に誘う	ベトナム人学生の、ある日曜日の生活
13	（歯を磨い）て、（顔を洗い）ます／（映画館へ行っ）て、（映画を見）ます／（テープを聞い）て、（勉強し）ます／（風邪を引い）て、大学を休みました／（きょうは13課をやっ）て、（あしたは14課をやり）ます‖（晩ご飯を食べ）てから、します‖（たぶん暑い）でしょう／（たぶんにぎやか）でしょう／（たぶん病気）でしょう／（暑かった＜だろう＞）と思います／（にぎやかだった＜だろう＞）と思います‖（家）を出る／（川）を進む‖（5時間）か（6時間）‖いらっしゃる	うちに帰って、何をしますか 日本人教員とベトナム人学生が放課後の過ごし方、この前の日曜日の様子、交流会の予定について話す	香寺への旅行
14	（棚）に（荷物）を（置き）ます‖（急い）でください／（テープレコーダーを持っ）てきてください／（暗）くしてください／（静か）にしてください／（たばこを吸わ）ないでください‖（晩ご飯）は（7時ごろ食べました）／（ダンス）は（庭でし）てください‖（ボールペン）で（名前を書き）ます‖（読み）方	荷物は教室の隅に置いてください （教室での試験風景） 日本人教員がベトナム人学生に、試験に関しさまざまな指示をする	ベトナム人学生から、日本にいる日本人学生への電子メール

II-3 『ベトナムで学ぶ学生のための日本語教科書（初級）』作成の試み

15	（連体修飾節＜動詞は辞書形＞）（ナムディンへ行く）（バス）／（授業で使う）（CD）／（印刷をする）（機械）／（会議をする）（部屋）／（出かける）（時間）‖（急ぐ）ときに、（タクシーに乗り）ます‖（両親）に（電話をし）ました／（大家さん）に（話し）ました／（大家さん）と（話しました）／（友達）と（待ち合わせ）ました‖「（タクシーを呼び）ましょうか」「はい、お願いします」	**日系の会社に就職する学生が多いです** （日本語学部の職員室） ベトナム人教員が日本から来た大学教員に、大学の施設・設備、授業科目、学生の進路等について話す	ドンダ大学のキャンパスの説明
16	（連体修飾節＜動詞はタ形＞）（教室にあっ）た（テープレコーダー）／（きのう買っ）た（辞書）／（子どものころ遊ん）だ（所）‖（ランさん）が（作っ）た（春巻き）‖（泳ぐ）まえに、（体操をし）ます‖（ご飯を食べ）たあとで、（歯を磨き）ます‖（朝起き）たときに、（メールをチェックします）‖（掃除をし）たり、（洗濯をし）たりします‖（この本の著者）は（その本の著者）と同じです／（この本の著者）と（その本の著者）は同じです／（ハノイの気候）は（ホーチミン市の気候）とは違います／（ハノイの気候）と（ホーチミン市の気候）とは違います‖（大きさは同じです）が、（重さは違います）‖（引っ越しを手伝っ）てくださいませんか‖（バインセオ）という（料理）	**ランさんが作った春巻きはおいしかったです** ベトナム人学生と日本人留学生が、写真を見ながら、友達の誕生日のパーティーの模様を振り返る	ベトナム人学生の作文（友達の誕生日のパーティー）
17	（今食事をし）ています／（大学の寮に住ん）でいます／（父）は（会社を経営し）ています／（さっき司会をし）ていた（学生）／（今司会をしている（学生）／（今あの部屋に住ん）でいる（人）‖（19歳）になりました／（授業が難し）くなりました／（寮が静か）になりました／（涼し）くなってきました／（きれい）になってきました‖（漢字を覚える）のは（大変です）／（ランさんが図書室にいる）のを（見ました）‖（寂し）くて、（泣きました）／（静か）で、（いいです）／（病気）で、（大学を休みました）‖（12時）まであと（10分）です	**マイさんたちはいすを並べています** （VJCCのロビー）（コンテストの会場） ベトナム人学生と日本人留学生が、日本語祭りの準備の模様や当日の様子を話す	日本語の勉強の様子

153

Ⅱ　ベトナム語母語話者の傾向と方策

18	（電気）が（つけ）てあります／（ドア）に（かぎ）が（かけ）てあります／（車）は（駐車場）に（止め）てあります／（黒板）に（字）が（書い）てあります／（黒板）に「宿題」と（書い）てあります‖（この料理）は（おいし）そうです‖（コーヒー）にします‖（水泳）は（体）にいいです‖（8人）も（います）‖（経済）とか（哲学）とか（数学）とか‖なさる／召し上がる	**壁に値段を書いた紙がはってあります** （大学の食堂） ベトナム人学生と日本人教員が、大学の食堂の利用方法等について話す	ベトナム人学生の家（高層アパート）の様子
19	（電気）が（つい）ています／（ドア）に（かぎ）が（かかっ）ています／（月）が（出）ています／（姉）は（出かけ）ています‖もう（食べ）ました／まだ（食べ）ていません／まだ（降っ）ています／もう（やみ）ました‖（ミンさん）は（先生）に「こんにちは」と（言い）ました／（「シンロイ」）は（日本語）では（「すみません」）と言います‖（バスに乗ら）ないで、（歩きました）／（バスに乗ら）ずに、（歩き）ました‖（音楽を聞き）ながら、（勉強をし）ます‖（どなただ）か、知りません／（どこにある）か、（知りません）	**食堂はまだ開いていますね** （ベトナム人学生の部屋）（大学の食堂） ベトナム人学生と日本人留学生がファッションショーの打ち合わせのために集まる	ベトナム人学生が日曜日にトンニャット公園へ行く
20	（セーター）を（着）ています／（ズボン）を（はい）ています／（帽子）を（かぶっ）ている人／（眼鏡）を（かけ）ている人／（ネクタイ）を（しめ）た人／（指輪）を（はめ）た人／（上着を着）ていた人／（スカート）を（はい）ていた人／（上着を着）ていない人／（靴下をはい）ていない人‖（テレビで日本映画を見ました）が、（おもしろかったです）‖（洪水）にびっくりしました／（日本料理が高いの）にびっくりしました／（桜がきれいなの）にびっくりしました／（日本人が時間を守るの）にびっくりしました‖（民族）によって、（習慣）が違います‖やはり	**みんなセーターや上着を着ていますね** （大学の食堂） ベトナム人教員と日本から来た大学教員が学生の服装について話す	「着物ファッションショー」の説明とその時の記念写真

Ⅱ—3 『ベトナムで学ぶ学生のための日本語教科書（初級）』作成の試み

21	家族の呼び方‖（象）は（鼻）が（長い）です／（ハノイ）は（オートバイ）が（多い）です／（ホイアン）は（洪水）が（多い）（所）です／（わたし）は（熱）があります／（わたし）は（子ども）がいます／（姉）は（子ども）が（2人）います／（兄）は（体重）が（75キロ）あります／（わたし）は（せき）が（出）ます／（この花）は（いいにおい）がします‖（熱）が（ある）のです／（頭）が（痛い）のです／（睡眠不足な）のです／（それで日本語が上手な）のですね‖（日本語の通訳になる）（夢）が（あります）‖姉はもうすぐ結婚する）でしょう／（姉はもうすぐ結婚する）＜だろう＞と思います‖（早く寝）たほうがいいです／（たばこは吸わ）ないほうがいいです	**ハノイはオートバイが多いですね** （大学の食堂） 事務職員が日本人留学生に、体調やハノイでの生活、学生のふるさとや家族のことについて聞く	わたしのふるさと（ハイフォン）
22	（ホイアンへ行っ）たことがあります‖（チャンティエン通りへ行く）ことがあります／（朝ご飯を食べない）ことがあります‖（雨が降っています）けれど、（ジョギングをします）／（高いです）けれど、（買います）／（この部屋はきれいです）けれど、（狭いです）／（土曜日です）けれど、（授業があります）／（木）で（家や家具）を作ります／（ぶどう）から（ワイン）を作ります‖（きょうは）たしか（ランさんの誕生日でしたね）‖（きょうは水曜日）でしょう？‖（食べ）てみます	**ホイアンへいらっしゃったことがありますか** （大学の廊下） 日本人教員がホイアン出身のベトナム人学生にホイアンのことを聞く	わたしの趣味

Ⅱ　ベトナム語母語話者の傾向と方策

23	わたしは（日本に住み）たいです／わたしは（パソコン）を（買い）たいです／わたしは（将来通訳になり）たいと思っています‖わたしは（テレビ）がほしいです／わたしは（あなた）に（春巻きを作っ）てほしいです‖（し）たい（こと）があります／わたしが（いちばん行き）たい（所）は（東京）です／ほしい（物）があります／（あなた）に（見）てほしい（物）があります‖（タンさん）は（パソコン）を（買い）たいと言っています／（タンさん）は（パソコン）を（買い）たがっています‖（父）は（車）がほしいと言っています／（父）は（車）をほしがっています／（姉）は（わたし）に（日本の歌を教え）てほしいと言っています‖（子ども）は（甘い物を食べ）たがります／（子ども）は（おもちゃを）ほしがります‖（わたし）は（漫画）が好きです／（わたし）は（絵をかく）ことが好きです／（タンさん）は（飛行機に乗る）ことが嫌いです‖（ジャズも好きです）し、（クラシックも好きです）	停電のときに使うランプがほしいのですが、…… （スーパーの中）（スーパーの出口）（CDの店へ行く途中） 事務職員が日本人留学生の買い物（停電用ランプ、ヘルメット、CD）を手伝う	家族の趣味
24	（うちに帰っ）てもいいですか／（予習をし）なくてもいいですか／（高）くてもいいですか／（安）くなくてもいいですか／（下手）でもいいですか／（上手）でなくてもいいですか／（たばこを吸っ）てもかまいませんか／（そんなにお酒を飲ん）でもだいじょうぶですか‖（うちへ帰っ）てはいけません／（あした）ではだめです‖（予習をし）なければなりません／（近く）なければだめです‖（行く）か（行か）ないか分かりません／（行く）かどうか分かりません‖（食べ）すぎました／（高）すぎます／（危険）すぎます‖（子ども）のための（本）／（録音）のための（部屋）‖（月末）までに（部屋代を払います）	どんなことを書いてもいいです （授業） 日本人教員がベトナム人学生に作文の宿題を出し、その字数や締め切りについてベトナム人学生と話す	入学当初の大学生活

Ⅱ－3 『ベトナムで学ぶ学生のための日本語教科書（初級）』作成の試み

25	（経済学）は（数学）と同じぐらい（難しい）です‖もっと（狭い）です／もっと（オートバイが多い）です‖（かたかな）は（ひらがな）より（難しい）です／（ハイフォン）は（ダナン）より（人口）が（多い）です／（日本）は（ベトナム）より（道路網）が（発達）しています‖（ひらがな）と（かたかな）とではどちらのほうが［難しい］ですか／（かたかな）のほうが（ひらがな）より（難しい）です／（タンさん）のほうが（わたし）より（日本語）が（上手）です／（発音）は（日本語）のほうが（英語）より（易しい）です‖（かたかな）は（漢字）ほど（難し）くありません／（ドーソン）は（ニャチャン）ほど（きれい）ではありません／（インターネット）は（携帯電話）ほど（普及）していません‖（この辺）では（ラン寺）がいちばん（静か）です／（日本料理）では（てんぷら）がいちばん（好き）です‖（ベトナムの歴史）について（話します）	**前のアパートより新しいです** （バス停） 日本人教員が、引っ越したばかりのベトナム人学生にアパートの様子を聞く	健康維持のための工夫
26	（わたし）は（テニス）ができます／（タンさん）は（中国語）が（話せ）ます／（わたし）は（てんぷら）が（食べ）られます／（ハノイで中国語を習う）ことができます／（前は泳げ）ませんでしたが、（最近泳げ）るようになりました‖（ミンさん）は（歌）がだめです‖（ランさん）は（歌手）のようです／（タンさん）は（いるか）のように（上手に泳ぎます）／（ザンさん）は（日本人）のような（顔）をしています‖（雨が降る）かもしれません／（暑い）かもしれません／（じょうぶ）かもしれません／（病気）かもしれません‖（歯を磨き）、(顔を洗いました)‖（何か）（ほしい物）／（どこか）（静かな所）‖（2人）とも（女の子です）	**その学生たちはベトナム語が話せますか** （大学の廊下） 日本人教員がベトナム人学生に、日本からの研修生のハノイ観光の案内を依頼する	ハノイのテト

Ⅱ　ベトナム語母語話者の傾向と方策

27	（おいしく）なさそうです／（この靴）は（じょうぶ）そうです／（この池には魚がい）そうです／（魚はい）そうもありません／（うれし）そうな（顔）をしています／（うれし）そうに（話し）ています‖（木）が（倒れ）そうです／（雨）は（降り）そうもありません‖（先輩の話）によると、（日本語能力試験）は（難しい）そうです／（花火）は（きれいだ）そうです／（ホアさん）は（病気だ）そうです／（もうすぐ台風が来る）そうです／（難しいのだ）そうです‖（作文を書い）てしまいました‖（外国へ行く）には（パスポートが必要です）	２年生でＮ２に合格する人もいるそうです （大学のキャンパス） 日本人留学生がベトナム人学生に、日本語能力試験について聞く	民族学博物館へ行く
28	（オートバイを買う）つもりです／（留学はしない）つもりです／（日本へ行く）つもりはありません‖（小説を書こ）うと思っています／（お金を借りよう）と思っています‖（天気がよかっ）たら、（山が見えます）／（春が来）たら、（暖かくなります）／（お金があっ）たら、（ふるさとへ帰り）たいです／（体の具合が悪かっ）たら、（休んで）ください／（お金を借り）たら、（すぐ返す）つもりです／（写真を撮っ）たら、（見せて）ください‖（料理を作って）おきます‖（自分）のために（勉強しています）‖（今年）も（去年）と同じように（サパへ行きます）／（今度の試験）も（この前）と同じような（形式でした）	大学を卒業したら、日本に留学するつもりです （大学の食堂） 日本人教員がベトナム人学生に、日本語の勉強の様子や進路の希望について聞く	自分の好きなことと、将来の夢
29	（３月になる）と、（暖かくなります）／（運動をし）ないと、（やせません）／（天気がいい）と、（山が見えます）‖（たくさん食べ）ても、（太りません）／（雨が降っ）ても、（やります）‖（歩道）を（歩きます）／（交差点）を（右に曲がります）‖（ドンスアン市場へ行く）には、（どう行っ）たらいいですか／（先生に相談し）たら、どうですか‖（うっかりし）て、（指を切っ）てしまいました‖（わたし）には（このスープ）は（辛すぎます）／（わたし）には（この本）は（読めません）	校門を出て、右にまっすぐ行くと、グエンチタイン通りに出ます （大学の食堂） 日本人留学生が事務職員に、扇風機が買えるスーパーの場所を聞く	ハノイの四季

158

Ⅱ-3 『ベトナムで学ぶ学生のための日本語教科書(初級)』作成の試み

30	(台風が来ます)から、(急いでうちへ帰ります)／(日本料理は高いです)から、(あまり食べません)／(図書館)は(静かです)から、(よく勉強ができます)／(日曜日です)から、(授業はありません)／(すぐ戻ってきます)から、(ここで待っていてください)／(日本語が好きだ)からです／父が勧めた)からです／(この本が難しい)のは、(専門用語が多い)からです‖(雨が降っ)ても、(遊びに行くつもりです)／(1週間たっ)ても、(雨はまだやみません)‖(この辞書)は(日本語の勉強)に便利です／(このテープ)は(発音の練習をするの)に便利です‖(いつも部屋のドアを開け)ておきます‖(この歌)は(歌い)やすいです／(この道)は(歩き)にくいです	地図や年表も載っていますから、便利ですよ (日本語学部の職員室) ベトナム人学生が日本人教員に、原爆に関する文献について聞く	日本語の学習の状況
31	(雨が降っている)ので、(レインコートを着ていきます)／(問題が易しかった)ので、(試験はよくできました)／(あの店の魚は新鮮ではない)ので、(買いません)／(きょうは休日な)ので、(授業はありません)‖(あまり勉強しなかった)のに、(成績はよかったです)／(問題は易しかった)のに、(試験の点は悪かったです)／(タンさんは日本語が上手な)のに、(あまり話しません)／(あそこはいい店な)のに、(お客は少ないです)‖(仕事)で(日本へ行きます)‖せっかく(作文を書いた)のに、(うちに忘れてきてしまいました)	父がハノイに来るので、空港に迎えに行きます (日本語学部の職員室) (大学の食堂) 父親を迎えに行く日本人留学生が空港への行き方について事務職員に聞く。後日、父親との観光の模様について事務職員に話す	ベトナム人学生のアパート生活
32	(ゆうべ雨が降った)ようです／(ホーチミン市は物価が高い)ようです／(東京は生活が大変な)ようです／(ホアさんは病気の)ようです‖(ザンさんは試験を受けなかった)らしいです／(ホアさんは面接試験はだめだった)らしいです／(この大学は以前は4年制ではなかった)らしいです‖(先生)は(学生)に(必ず宿題を出す)ように言いました‖(学費を稼ぐ)ために、(アルバイトをしています)‖(お茶)でも(飲み)ましょうか‖お目にかかる	塾に通う子どもが多いようですね (大学の食堂) ベトナム人学生が日本人教員に、家庭教師のアルバイトや子どもの教育の状況について話す	ベトナム人学生から、日本にいる日本人学生への電子メール

159

Ⅱ　ベトナム語母語話者の傾向と方策

33	（わたし）は（あなた）に（りんご）をあげます‖（わたし）は（ランさん）に（りんご）をもらいました‖（ランさん）は（わたし）に（りんご）をくれました‖（わたしたち）は（先生）に（花束）をさしあげました／（わたし）は（母）に（マフラー）をやりました／（わたし）は（花）に（水）をやります‖（わたし）は（石川さん）に（春巻き）を（作っ）てあげました‖（わたし）は（ランさん）に（ベトナム語）を（教え）てもらいました‖（ランさん）は（石川さん）に（春巻き）を（作っ）てくれました‖（ケーキを作っ）てさしあげました／（推薦書を書い）ていただきました／（推薦書を書い）てくださいました／／（ランさん）を（レストラン）に連れて行ってあげました／（石川さん）は（わたし）を（レストラン）に連れて行ってくれました‖（この絵葉書をあなたにあげ）ましょう	**タンさんがクッキーをくれました** （教室で） ベトナム人学生と日本人教員がプレゼントの習慣について話す	ベトナム人学生の部屋の中にある思い出の品物
34	（先生）は（学生）に（辞書）を（買わ）せました／（先生）は（学生）を（走ら）せました／（先生）は（学生）を（笑わ）せました‖（マイさん）は（わたし）に（水）を（飲ま）せてくれました／（わたし）は（マイさん）に（水）を（飲ま）せてもらいました／（わたし）は（ランさん）に（水）を（飲ま）せてあげました／（わたし）に（お酒）を（飲ま）せないでください／（わたし）を（怒ら）せないでください‖（ボールペンで書）け‖（ボールペンで書き）なさい‖（ナムディン）のような（静かな町に住みたいです）／（ホアさん）のように（日本語が上手になりたいです）‖（雨）が（降っ）てきました‖（この薬は1回に2錠）ずつ（のんでください）‖（最近は試験）ばかり（です）	**学生に文型を理解させます** （大学の食堂） ベトナム人学生が日本人留学生に、日本語の授業の方法について話す	ベトナム人学生の、大学入学までの生活

II—3 『ベトナムで学ぶ学生のための日本語教科書（初級）』作成の試み

35	（子ども）は（父親）に（しから）れました／（ランさん）は（先生）に（ほめ）られました／（学生たち）は（先生）に（招待）されました／（わたし）は（老人）に（道）を（尋ね）られました‖（わたし）は（犬）に（手）を（かま）れました／（わたし）は（母）に（日記）を（読ま）れました‖（雨に降ら）れました‖（わたし）は（父）に（走ら）されました／（学生）は（先生）に（作文）を（書か）されました／（子ども）は（母親）に（にんじん）を（食べ）させられました／（子ども）は（母親）に（部屋の掃除）をさせられました／（学生）は（先生）に（辞書）を（持ってこ）させられました‖（この絵）は（有名な画家）によって（かかれました）‖（タンさん）は（みんな）に（好か）れています‖（日本語は発音は易しい）と言われています／（この大学の入学式は９月に）行われます‖（ご飯を食べ）ようとしたとき、（友達が来ました）	大家さんに誘われて、香寺へ行きました （授業のあとの教室） ベトナム人学生が日本人留学生に、日本語の作文の宿題のことや、香寺へ行ったときのことを話す	ハノイの交通問題
36	（この薬をのめ）ば、（病気が治ります）／（天気がよ）ければ、（山が見えます）／（好き）ならば、（上手になります）‖（あなたが行け）ば、（わたしも行きます）／（時間があれ）ば、（町を見物したいです）／（嫌い）ならば、（食べなくてもいいです）‖（あなたが行く）なら、（わたしも行きます）／（時間がある）なら、（うちに寄ってください）／（春巻きを作る）なら、（わたしにもごちそうしてください）／（空港へ行く）なら、（バスで行ったほうがいいですよ）／（セロテープ）なら、（ここにありますよ）‖（遅刻をしない）ようにしてください／（遅刻をしない）ように（気をつけて）ください‖（病気）のために、（授業を休みました）／（バスが遅れた）ために、（遅刻しました）	桜祭りへ行くなら、歩いて行ったほうがいいですよ （授業のあとの教室） ベトナム人学生と日本人教員が桜祭りについて、会場への行き方、そこでのボランティア活動、イベントの中身などについて話す	ベトナム人学生のふるさと（フンイェン）

Ⅱ　ベトナム語母語話者の傾向と方策

37	（先生）は（たばこ）をお（吸い）になります／（先生）は（この本）を（読まれ）ました／お出でになる／お見えになる／おっしゃる／ご存じです／ご覧になる／お召しになる／お休みになる／（ちょっとお待ち）ください‖（荷物を）お（持ち）します／（先生をハノイ駅まで）ご（案内）いたします／（先生のお宅に）参ります／（先生）に（「あした参ります」）と申しました／（先生）に（わたしの考え）を申し上げました／（「大石先生」）を存じています／（ご家族の写真を）拝見しました／（先生のお宅に）伺いました／ちょっと伺いますが、（日本大使館はどちら）でしょうか‖（わたしはよくテニスを）いたします／（図書館に）おります／（父は貿易の仕事をし）ております／（試験を受けに）参ります／（てんぷらを）いただきます／（あちらに喫茶室が）ございます／（学長室は2階）でございます	今の学生をご覧になって、どんな印象を持たれましたか （ホテルのロビー） 70年代にドンダ大学で教え最近講演のため来越した日本人教員に、オンライン新聞の記者がインタビューし、70年代の模様や今回の訪問の印象などについて聞く	オンライン新聞の記者から、日本人教員への電子メール

（『日本語教育シンポジウム――ベトナムの学習者のための日本語教科書をめぐって――』ハノイ大学日本語学部（2011.2.25）所収）

Ⅱ—4 日本語教育教材の位置づけとその作成のための条件
——ハノイとナムディンでの経験を中心に——

1 はじめに

　日本語学習者が急増する中、ベトナムでは、「適当な教科書がない」「いい辞書がない」という声がしばしば聞かれる。日本でもよく聞く声ではあるが、学習者の実情に合った教科書や辞書を求める声は、ベトナムでの方がはるかに強いように思う。他方、一部にではあるが、「教科書を作りたい」「辞書を作りたい」といった声もある。しかし、その作業の道筋がはっきりしているとは言い難い。

　本稿では、この4年半の間に筆者が勤務した貿易大学とナムディン日本語日本文化学院[1]（以下、「ナムディン学院」とする）での、筆者の体験や実践を報告しながら、教材や辞書の日本語教育での位置づけや作成のための手順・条件等について改めて整理し、ベトナムにおける教材や辞書の作成の可能性について考えてみることにする。

　なお、本稿で「教材」とは、総合的なもの（いわゆる教科書）から部分的なもの（会話教材、作文教材、聴解教材など）までを含むものとし、また、大学、または、（日本語教育の中身の面で）それに準ずる機関において、一般的な日本語（Japanese for general purposes）を習得させる目的で行われる日本語教育の場合について考える。

Ⅱ　ベトナム語母語話者の傾向と方策

2　教材（初級段階）の面から見たハノイとナムディンでの筆者の体験と実践

2.1　貿易大学での体験と実践

　筆者は2006年9月から2009年6月までの3年間貿易大学（ハノイ）に勤務したが、その間に、日本での使用を目的として作成された教材をベトナムで使う場合の難しさを痛感した。市販の教材を、作成当初想定されていた機関以外で使う場合に種々の不都合があることは日本でもしばしば経験することであるが、学習者の生活習慣や社会環境の違う国外で使う場合の難しさは想像以上に大きかった。それは、初級から上級に至るいずれの段階でも経験したことだが、最も問題が大きかったのは、初級段階であった。

　例えば、以下のようなことである。（主たる教材は『初級日本語』〈東京外大〉。「ビジネス日本語コース」〈2006年入学〉で使用）

①本文の中に教師の説明を要する箇所がある（日本の休日、外国人登録証、など）。

②本文の多くが、理解の面では容易であっても、学習者には身近に感じられず、活気のある授業の展開が難しい。

③学習者にとって身近な語句（例えば、野菜・果物・料理など食事関連の語句、「〜通り」「〜湖」など地名関連の語句、「オートバイ」「ヘルメット」「マスク」「渋滞」「洪水」など交通関連の語句、「建国記念日」「教師の日」「女性の日」「テト」など祝日関連の語句、等々）がなかなか出てこない。

④応用的な練習（本文にならって学習者に会話をさせたり、身近なことについて話をさせたり書かせたりする練習）がやりにくい。

⑤課ごとの新出漢字が多く、また、順次性・系統性という面でも学習者の負担が大きい。

　これらの中には必ずしも外国での使用に原因があるとは言えない点もあるが、日本とは生活習慣・社会環境の違うベトナムでは指導上の難しさが拡大する。

こうした点を補うために、筆者はベトナム人の教員と協同で、各課ごとに、学習者に身近なことがらを書いた作文教材（テーマは、「わたしのうち」「市場」「ある一日の生活」「大学のキャンパス」「香寺参り」「日本人の友達への電子メール」「日本語の学習」「トンニャット公園」「私のふるさと」「私と家族の趣味」「大学に入るまで」「テト」「民族学博物館」「健康維持のための工夫」「ハノイの交通問題」等々。Ａ４判１枚程度）を作り、それを素材にして、読む練習、話す練習、書く練習（宿題）をさせた。この教材は、身近な語句を増やすという意味でも、また、教材の内容に添って、身近なことを話したり書いたりできるようにするという意味でも有効だったと思う。

2.2　ナムディン学院での実践

　筆者が2009年８月から勤務しているナムディン学院では、貿易大学での経験を生かして、初級教材の面でもいくつかの工夫をしている。
　そのいちばん大きな点は、文型中心の教材として、筆者編集の『ベトナムで学ぶ学生のための日本語教科書（初級）──試用第２版──』[2]（以下、『ベトナム学生教科書（初級）』とする）を使っていることである。この教材はかつて筆者らが日本で作成した教材[3]をベトナムの状況（特にハノイの大学の状況）に合うように改変したものである。全体として文例が多く、また、各課の、文例、会話、読み文（この教材では「読みと作文」としている）が学習者に身近なものとなっている。前述の貿易大学での作文教材や、それにならって学生たちが書いた作文（筆者が修正したもの）もかなり取り入れている。そうしたことから、全体が、学習者の理解が容易で、話す練習、書く練習の際のモデルとしても使いやすいものとなっている。
　漢字指導は、基本の文型指導とは切り離して漢字の時間を設け、『みんなの日本語初級Ⅰ・Ⅱ　漢字』（スリーエーネットワーク）を（新出漢字にはその漢越音を付して）使っている。これは、学習者に大きな負担をかけずに興味を持たせながら漢字を覚えさせるという点で大変好ましい教材

である。基本文型の学習が苦手な、ナムディン学院の学習者も喜んで取り組んでいる。

3　教材の位置づけと作成の担い手・条件

3.1　教材の位置づけ——システムの一環としての教材——

　日本語教育で教師の文型・語句についての知識や教え方(導入のしかた、練習のさせ方、授業展開のしかた、など)が重要なことは言うまでもない。しかし、同時に見逃せないのは、そのコースの目的実現のための全体的なシステム(コース全体の流れ、1週間のコマ数、時間割、各コマの授業内容、など)である。どんなに教え方の巧みな教師がいても、システムに問題があれば、その効果は減殺される。逆に経験の浅い教師が多くても、システムさえしっかりしていれば、そのコースは一定の成果が期待できる。さらに、重要なことは、システムは修正を重ねていくことによって蓄積・発展していくという事実である。教材は、そうしたシステムの重要な要素である[4]。

　到達目標(たとえ漠然としたものでも)があり、シラバスが考えられ、教材が選択される(結果的に、教材そのものがシラバスとなる場合が多いであろう)。しかし、既存の教材では、授業展開についての教師のイメージと合わない部分、ないしは足りない部分が出てくる。それを補うために、授業展開の工夫とともに、部分的な「副教材」(プリント類)が作られる、というのが通常の作業であろう。それらの、授業での工夫や「副教材」を加味すれば、新たな教材の全体像がある程度見えてくる(前述の『ベトナム学生教科書(初級)』もそのような過程を経て作られた)。その際の重要な観点として、効果的・効率的な授業をめざすことと同時に、学習者の負担をできるだけ軽減するということがある。無理なシステムと不十分な教材で学習者に一方的に負担を押し付けるのは最も好ましくないやり方である。

　この、システムづくりは、当然のことながら、どのような機関において

　　　　　　　　　　　Ⅱ—4　日本語教育教材の位置づけとその作成のための条件

も、ベトナム人の教員が中心になって行われるべきものである。逆に言えば、ベトナム人教員の力量が最も発揮されるのがこの面であると言える。
　ただ、システムづくりは、日本語教育に当てることができる時間数、1コマの時間、1クラスの人数、教室の形態（机やいすが床に固定されていないか、縦に細長くはないか、など）や設備（ビデオやコンピューターが利用できるか、など）など、種々の外的な条件によって左右される面が大きい。それらの外的な条件をどこまで改善できるかは、ベトナム人教員、特に指導的な立場の教員でなければ見極めが難しいであろう。しかし、その見極めなしには、システム（教材を含む）づくりは難しい。例えば、貿易大学では「多人数のクラスで会話力をいかに高めるか」が大きなテーマになっていたが、会話の授業だけでも少人数のクラスが作れれば、授業の方法や教材は多人数の場合とは当然違ってくるはずである。
　一部に、「教科書作成は効率的ではない」という意見もある。「教科書作成には時間と労力がかかる。それより既存の教科書を工夫しながら使う方が効率的だ」ということであろう。もっともな意見で、日本でも時として耳にする。しかし、授業のたびに、プリント作成等、種々の準備や工夫をしなければならないとしたら、それは、必ずしも効率的とは言えない。多忙な教師たちは、結局、その教材でやれる範囲の授業でよしとしてしまうのではないだろうか。自分のイメージどおりの授業をしたいと考える教師があえて教材作成を望むのは自然なことである。

3.2　教材作成の担い手と条件

　「ベトナムの学習者に合った教材がない」という発言には「よりよい教材がほしい」という積極的な側面もあるが、「学習者に合った教材がない」のは当然のことだと筆者は考える。前述のとおり、教材は教育システムの重要な要素であり、それは、日本語教育機関の実情、学習者の実情を熟知した教員、つまりベトナム人の教員が自ら作るほかはない。このベトナム人教員の役割の重要さについては、時に日本人教員の間にも認識不足があ

るように思う。日本人教員はあくまで"わき役"でなければならない(そういう意味で言えば、前述の『ベトナム学生教科書(初級)』は、何人かのベトナム人教員の協力を得たとは言え、成立過程に問題があり、筆者はベトナム人教員による批正を望んでいる)。重ねて言えば、教材作成は、ベトナムの状況(学習者の実情はもちろん、言語、社会、文化等の状況を含む)を熟知しているベトナム人の教員こそが主体的に取り組むべき課題であると考える。

　ただ、教材の作成は、"意欲"や"情熱"だけでできることではない。ましてやカネの有無が問題なのではない。教材の作成のためには、日々の実践の過程での蓄積が必要である。例えば、ベトナム人学習者の学習困難点[5]、文型・語句の理解を助ける分かりやすい文例や文脈例、学習者が意欲をもって練習に取り組める場面や話題、等々の蓄積である。さらには、学習者の関心や学習者に関連のある社会的・文化的な状況、進路にかかわる状況等についての知識も教材作成には必要になってくる。こうした蓄積なしに教材を作ることも不可能ではないであろうが、それは"思いつき"的な底の浅いものとなる可能性がある。

　学習者のための辞書を作成する場合も基本的には同様であろうと思われる。筆者のささやかな経験[6]からでも次のようなことが言える。

　まず、その辞書の目的を明確にする必要がある。日越辞典の場合、日本語の語句の意味が分かればいいのか、学習者がその語句を使って文を作る際にも役立つものとするのか、といったことである。それにより、採り上げる語句(見出し語)の性格や数、用例・文例の性格(文構造がはっきり分かるような規範的な文例とするのか、書物などから実際の文例を引いてくるのか、など)や数、ベトナム語訳や説明のつけ方(見出し語のベトナム語訳だけにするのか、文例のベトナム語訳もつけるのか、用法についての説明も加えるのか、類義語についても触れるのか、誤用例も加えるのか、など)が全く変わる。そして、決定した方針に基づいてデータを収集したり作例(規範的な文例の場合)したりする。"漠然と"作成した辞書は作

成者の意図の見えない"漠然とした"(それを引いても目的を果たせないことの多い)辞書となる可能性が大きい。

4 教材作成との関連での、日本の大学の組織的な状況

　教材や辞書の作成は通常は集団的な作業となる(しかし、全員が同じ立場で参加するわけではない。核となる教員の存在が不可欠である)。集団的な作業を、各成員の力量を十分に発揮させながら進めるにはどのようなことが必要であろうか。筆者はそのことについて責任をもってコメントできる立場にはない。ただ、ベトナムの大学の実情とは違うと思われる日本の大学の状況(日本語教育担当部門の場合)を、筆者の経験の範囲で、参考までに、紹介してみたい。
・日本の大学では、教育や研究の面では上下関係はない。年配の教員も若手の教員も教育・研究の面では平等に議論に参加できる(学位や職名〈教授、准教授、講師など〉、役職は関係がない)。
・集団で決定した協同作業には各成員が責任をもって参加する(教材の作成の過程では、休日に出勤して、作業をしたり教材案の検討会を行ったりすることもある。もちろん無償である)。
・日本語教育担当の教員にはそれぞれ専門ないしは得意とする分野があり、その分野に関してはその教員の意見が尊重される。しかし、その他の教員も自身の立場から率直・自由に発言できる。
・教員は異動が多い。各教員はよりよい条件(通常は、研究・教育上の、時に生活上の)を求めて他の大学に異動する。教員に欠員が生じた場合は、その集団の力量をより高める方向で(専門分野と過去の業績を考慮して)教員の補充(採用)をする。教員採用は通常は公募で行われる。したがって、一つの大学の教員のほとんどがその大学の卒業生であるという例はあまりない。
　こうした問題は、それぞれの国の社会的な伝統や習慣・文化にかかわる

ことで、その是非を一概に論じることはできないと思うが、上のような日本の大学の状況は教材作成作業には有利な条件となっていると思う。

5　おわりに

筆者が初めて貿易大学で日本語教育に携わったのは今から40年近く前のことである。当時、教師たちは、たまたま入手した日本の教材を参考にしながら、自力でベトナム人学習者のための教材を作成していった。現在は、当時とは全く比較にならないほど教師にとって有利な状況がある。しかし、その有利な状況、そして、あふれる情報の中で、日本語教育の発展の方向性は必ずしも明らかになっていないように見える。特に、教材に関してその感が強い。

　ベトナム人教師が主体的に教材や辞書の作成をめざして蓄積を図ること、日本人教師がそれを支援すること、それにより、このベトナムで教材や辞書の作成が盛んになることを筆者は切望している。

【注】
1）正式な名称は Trung tâm Ngôn ngữ và Văn hóa Nhật Bản（日本言語文化センター）。
2）この教科書の詳細については、以下の拙稿を参照されたい。宮原彬（2011）「『ベトナムで学ぶ学生のための日本語教科書（初級）』作成の試み」『日本語教育シンポジウム──ベトナムの学習者のための日本語教科書をめぐって──』ハノイ大学日本語学部（2011.2.25）［本書Ⅱ─3に収録］。なお、本稿はこの拙稿と一部重なるところがある。
3）宮原彬他（初版1989）『別科・日本語Ⅰ』長崎総合科学大学別科日本語研修課程
4）このシステム（通常「コースデザイン」と呼ばれる）と教材との関係について、岡崎は、さらに踏み込んで次のように述べている。「一方で、コースの中で教材として何を取り上げるかという問題はコースデザインの一部をなすという点で教材はコースデザインにとって従属的な関係にある。他方、たとえコースデザインで立案されたコースのあり方があっても、それを可能にするような教材を手に入れることができない限り、コースデザインは現実化できないという点で、コースデザインは教材を不可欠とする」（岡崎敏雄（1989）『日本語教育の教材』（アルク）p.33）

5）ここに述べた観点から貿易大学在職中に筆者が収集した誤用例とその分類について、以下の拙稿で報告した。宮原彬（2008）「学習者の作文から見たベトナム語母語話者の日本語学習上の困難点――学習者に合った教材の作成をめざして――」貿易大学日本語学部紀要［本書Ⅱ―1に収録］
6）宮原彬（2006）『日本語学習者が作文を書くための用例集（第二版）』（発売 凡人社）

（『国際シンポジウム――ベトナムにおける日本語使用人材の実態及び日本語教育推進――』貿易大学（2011.1.14）所収）

●著者紹介

宮原　彬（みやはら　あきら）

1940年東京生まれ。貿易大学（ハノイ）〈1973－1977, 2006－2009〉、長崎総合科学大学〈1981－1994〉、東京大学〈1994－1997〉、長崎大学〈1997－2006〉、日本語日本文化学院（ナムディン）〈2009－2011〉、TOCONTAP SAIGON JSC（ホーチミン市）〈2013－2014〉等で日本語教育に従事。

編著書に、『別科・日本語Ⅰ』長崎総合科学大学〈共著〉、『日本語学習者が作文を書くための用例集』凡人社（発売）、『留学生のための時代を読み解く上級日本語』スリーエーネットワーク、『ベトナムで学ぶ学生のための日本語教科書(初級)』NHA XUAT BAN DAN TRI、など。

ベトナムの日本語教育 ──歴史と実践──

2014年6月10日 初版 第1刷 発行

著　者　宮原　彬
発行者　比留川　洋
発行所　株式会社 本の泉社
〒113-0033　東京都文京区本郷2-25-6
TEL：03-5800-8494　FAX：03-5800-5353
http://www.honnoizumi.co.jp
印刷　亜細亜印刷株式会社　／　製本　株式会社 村上製本所

ⓒ 2014, Akira MIYAHARA　Printed in Japan
ISBN 978-4-7807-1168-4　C0081

※落丁本・乱丁本は小社でお取り替えいたします。定価はカバーに表示してあります。
　本書を無断で複写複製することはご遠慮ください。